ユーキャンの

秘書検定

速習テキスト＆問題集

2・3級

カラー改訂

5版

目次

第1章　必要とされる資質　理論

第2章　職務知識　理論

第3章　一般知識　理論

第4章　マナー・接遇　実技

はじめまして
ユーニャンです！
みんなの秘書検定の
勉強をお手伝いするよ。

イラスト：あらいぴろよ

本書の使い方

本書は、DAY 1 からDAY21まで、1 日 1 レッスン21日間で秘書検定 2 級・3 級の学習が完成するように設計されています。P.10の「合格カレンダー」を活用して効率的に学習を進めましょう。

Step 1
学習内容をチェック
その日に学習する主な内容を「今日のポイント」を読んでチェックしましょう

Step 2
本文を学習
まず、ざっと読んで全体の流れをつかみ、その後細かく覚えていくのが学習のコツです。各日の学習のまとめとして本文の最後にある○×形式の「確認QA」にチャレンジ！

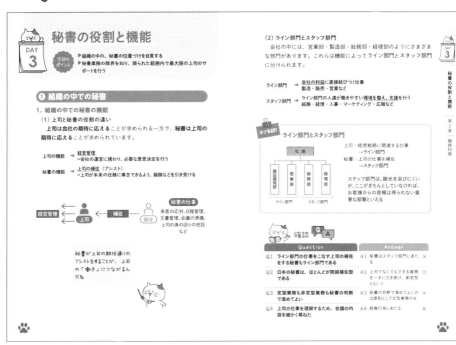

※ここに掲載しているページは「本書の使い方」を説明するための見本です

2級・3級ともに、記述解答式の問題が出題されます。本書では、DAY13とDAY21が、記述問題対策となっています。記述式で答えることを前提とした学習が、本試験での得点に結びつきます。

Step 3
問題を解いてみよう

各日の学習が終わったら、本試験と同じ形式の「確認テスト」を解いてみましょう。解答のヒントは本文に載っています。すっきり解けないときには、本文に戻って要点を確認！

Step 4
予想模擬試験にチャレンジ

学習が終わったら「予想模擬試験」にチャレンジ。本試験を想定した問題を2級と3級各2回収録しています。時間を計って自分が挑戦する級の問題を解いてみましょう

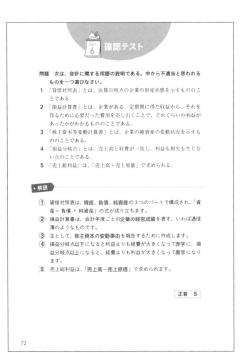

資格について

▌秘書検定とは

1）秘書の仕事

　秘書の仕事とは、上司の業務を補佐することです。

　その業務は、来客や電話への応対・書類作成・スケジュール管理と調整・経理事務など、非常に幅広く多岐にわたります。これらをスムーズに行うためには知識だけでなく、情報収集力・判断力・さまざまな人や状況に対応できるコミュニケーション能力なども要求されます。

　職場によって業務内容が違うこともあるでしょう。しかし、上司が業務を円滑に進め目標を達成するために補佐をすることが、秘書の役割であることにかわりはありません。

　秘書が担う役割は、上司の補佐という一見裏方に徹したものですが、とても重要な責任がともないます。覚えなければならないことが多いと感じるかもしれませんが、覚えたことが即実務で役に立ち、日々やりがいを実感できるという魅力が、秘書の仕事にはあるのです。

2）秘書の資格をとると

　秘書には、上司と社内外のパイプ役としての配慮や明朗な人柄などが必要ですが、その前提となるのは「社会人として基本的なことが身についているかどうか」ということです。あいさつやマナー、良い印象を与える身だしなみや機密事項が守れるかなどは、いかなる仕事をしていく上でも必要なことであり、秘書の資格とは、言い換えれば、それらが身についていることの証明になるのです。

　このように秘書検定は、就職活動に有利な資格として、学生のみなさんやキャリアアップを目指す方はもちろん、オフィスワークのスペシャリストとして技能を高めたい方にも、ぜひ受けていただきたいおすすめの資格です。

▌秘書検定について

秘書検定は、次の方法で実施されます。

■主催／公益財団法人　実務技能検定協会

■ 検定の分類

3級・2級・準1級・1級と4つの級があります（準1級と1級には筆記試験合格者を対象とした面接試験があります）。3級では秘書としての基礎的知識と初歩的な技能が、2級では専門知識と技能が問われます。

　3級 …秘書の業務を理解し、初歩的な秘書業務に関する知識・技能を持っているか。
　2級 …秘書の業務を理解し、一般的な秘書業務に関する知識・技能を持っているか。

■ 受験資格

学歴・年齢・性別その他の制限は何もありません。だれでも受験することができます。

■ 検定方法

3・2級は筆記試験のみです。
（およそ9割がマークシート方式の五肢択一の問題で、ほかは記述解答式）

■ 合格基準

3・2級は、筆記試験は「理論（必要とされる資質、職務知識、一般知識）」と「実技（マナー・接遇、技能）」に領域区分されており、理論で60％以上、実技で60％以上正解の場合、合格となります。

〈CBT試験について〉

2021年3月から、2級と3級については、コンピュータを使用して受験できるようになりました。資格のレベルや認定については、従来の検定試験と同様です。詳細は実務技能検定協会ホームページでご確認ください。

● 秘書検定に関する問い合わせ先 ●

公益財団法人 実務技能検定協会　秘書検定部　TEL：03-3200-6675
〒169-0075　東京都新宿区高田馬場 1-4-15
●公式ホームページでも確認できます。
　https://jitsumu-kentei.jp/

※記載している検定概要は変更になる場合がありますので、詳細は試験実施団体にご確認ください。

試験の出題内容と対策

【理論】

1 必要とされる資質

（出題内容）この分野では、秘書になるための心がまえや、秘書として求められるさまざまな能力について出題されます。場面設定が複雑で、設問文の読解力を問うような問題も少なくありません。日常的な仕事における心がまえや、上司不在時・電話や来客の応対についての問題が多く出ています。

（試験対策）社会人としての常識や、人間性を高めるためには、ふだんから生活の中で実践を積み重ねていくことが大切です。心がまえや能力というのは抽象的なものなので、具体的な事例を想定して学んでいくことも重要です。

2 職務知識

（出題内容）この分野では、秘書の日常的な業務にはどのようなものがあるかについて出題されます。ここでも、場面設定が複雑で、設問文の読解力を問うような問題が多く出ます。上司の不在、仕事が重なるといった場面での応対のしかたや、電話の応対・取り次ぎのしかたなどがポイントです。

（試験対策）秘書としての業務を的確に、効率的に処理していくためには、まず上司と秘書の立場の違いを把握することが大切です。そうすることで、さまざまな状況に適切な対処ができるようになります。

3 一般知識

（出題内容）この分野では、企業活動の目的や責任、法律や会計・財務といった社会的常識について出題されます。企業活動に関するさまざまな用語・カタカナ用語・経済用語などが多く出題されます。

（試験対策）一般知識を養うには、ふだんの努力が何より大切です。新聞やニュースなどで世の中の動きを知り、わからない用語があれば、その都度調べて理解するようにします。そのほか、会社でよく使われる用語は覚えておきましょう。インターネットを活用するのも有効な方法です。

【実技】

4　マナー・接遇

（出題内容）この分野では、人間関係の重要性を基本に、電話応対や接遇、敬語の使い方、報告のしかたなどについて出題されます。最も多いのが、言葉遣いの問題です。場面に応じた正しい敬語を使えるかどうかが問われます。そのほか、電話をかける・受けるといった際のマナーや、来客へのお茶の出し方などが多く出題されています。

（試験対策）学習内容が広範囲にわたる分野でとまどうかもしれませんが、まずは敬語を正しく使い分けることと、常識や礼節をわきまえた言動を身につけることが大切です。さまざまな場面で、どうすれば気持ちのよいコミュニケーションが生まれていくかを考えることが最も重要です。

5　技能

（出題内容）この分野では、秘書の日常業務を遂行する上で必要とされる知識や技能が出題されます。文書作成の問題が最も多く、そのほか、郵便・会議の準備・環境整備・スケジュール管理のしかたなどが多く出題されています。

（試験対策）会議用語、郵便制度、ファイリング用具の活用法など日々の業務に関する知識をしっかり身につけます。文書作成や会議の段取りは基本パターンを覚えた上で、時と場合によって的確に応用できるようになることが大切です。

21日で完成！

秘書検定合格カレンダー

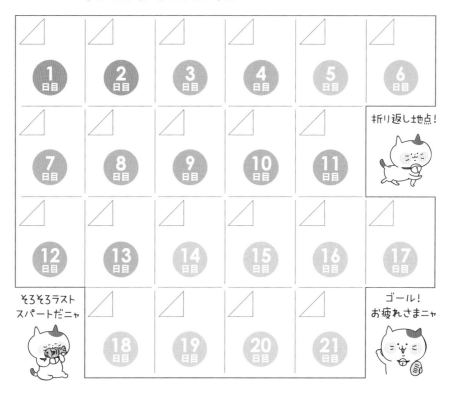

1日目	2日目	3日目	4日目	5日目	6日目
7日目	8日目	9日目	10日目	11日目	折り返し地点！
12日目	13日目	14日目	15日目	16日目	17日目
そろそろラストスパートだニャ	18日目	19日目	20日目	21日目	ゴール！お疲れさまニャ

学習した日を記入するんだニャ！
21日で合格を目指すニャ！

第 1 章

必要とされる資質

Contents

秘書の自覚と心がまえ

▶ 秘書は、上司が業務に専念できるよう、補佐的役割を担う
▶ だれからも信頼される人柄であることが求められる

❶ 秘書としての心がまえ

1. 健康・感情・時間の管理

秘書の仕事に役立つ幅広い知識を身につけていても、体調をくずして会社を休みがちだったり、時間にルーズだったりする人には、安心して仕事を任せることはできません。

補佐的な業務が多い秘書だからこそ、だれよりもしっかりと**自己管理**に努めることが求められます。

（1）健康の管理 ── つねに体調を整える

社会人として健康維持にはつねに気を配りましょう。**規則正しい食事**と睡眠、**ほどよい運動**と休息は、**体と心の健康を維持**するための大切な要素です。

週末や夏休みなどの 「長期の休み」	…	休み明けの業務に支障を来さないように、生活は規則正しく
休暇の取得	…	有給休暇でも自分の都合だけで決めない

休暇をとるときは、上司のスケジュールをチェックして、仕事に支障を来さないようにね！

（2）感情の管理 ── 安定した感情で上司を助ける

　秘書は、上司の周囲の人達とかかわりますが、そうした人達がつねに友好的であるとは限りません。秘書には、自分の**感情をコントロール**し、上司への影響を最小限に食い止める能力が求められます。

上司があせっている場合	…	上司の気持ちに寄り添いながら、あせる気持ちを鎮（しず）める方策が講じられるような安定感を持つ
個人的に嫌いな相手	…	個人的な好き嫌いで<u>苦手意識を持たない</u>
話しづらい相手	…	だれとでも<u>積極的にコミュニケーションをとるよう心がける</u>

（3）時間の管理 ──上手に時間を使う

　会社から社員に支払われる給料は、多くの場合、「時間」を一つの基準にしています。どんな仕事でも、効率よく処理することが大切です。

<u>社員の給料</u>	…	会社にとっては**コスト**（費用）
仕事に時間がかかる	…	会社が負担するコストが増える

2．身だしなみ

　社外、社内を問わず人と接する機会が多い秘書の「感じのよさ」は、会社のイメージや上司の評価を高めることにもつながります。

学びNAVI

好印象を与える身だしなみのポイント

ポイントは、仕事に支障を来さず、動きやすさを備えていることです。

①清潔感がある
②機能的である
③会社の雰囲気やTPO（時間・場所・場合）に合っている

髪型
肩にかからない程度、またはすっきりとまとめる

服装
スーツまたはジャケットとスカートやパンツ

化粧
自然に、健康的に

アクセサリー
派手なものはNG。腕時計は必要

靴
動きやすい中ヒールのパンプスなど

※女性の場合

3. 上司の補佐役としての心がまえ

秘書は、上司の指示や要求に応え、快適な環境を維持する**補佐役**としての役割を担っています。

（1）上司の意向に沿って仕事をする

秘書の仕事は、**上司の指示に基づいて**進められます。大切なのは、上司の仕事のスタイルを尊重することです。

● どうすれば**上司がより快適に仕事に専念できるか**を考える
● 上司が精神的な安定感や快適感を得られるやり方が最善策

（2）上司から指示を受けるときのポイント

上司からの指示を確実に把握するため、指示を受ける際には次のことを意識します。

● 上司から指示を受ける際は、５Ｗ３Ｈの要領でメモをとる
● **日時や場所、固有名詞、数量**に気をつける
● 話は**最後まで聞く**
● 疑問点は話が終わったあとで**まとめて尋ね、必ず事前に解決する**
● 最後に指示内容を**復唱**し、上司の承認を得る

★ 5W3Hを使ったメモのとり方

５Ｗ３Ｈ	確認内容の例
When（いつ）	いつ行うのか／期日はいつまでか
Where（どこで）	どこで行うのか／どこへ行けばよいのか
Who（だれが）	だれが行うのか／だれに対して行うのか／だれが関連しているのか
What（何を）	何を行うのか
Why（なぜ）	指示されたことをなぜ行うのか
How（どのように）	どのような方法で行うのか
How many（どのくらい）	どのくらい行うのか
How much（いくらで）	いくらで行うのか

（3）指示を実行する際のポイント

秘書は、上司からの指示に対して**勝手な判断をせず**、**忠実に**従わなければなりません。

● 仕事の**優先順位**について、上司の指示を仰ぐ

● 指示された期日に間に合いそうにないとわかったときは、**すみやかに上司に報告し、指示を仰ぐ**

● 上司の指示内容にミスがある場合は、必ず上司に確認する。確認の際は、上司に対して**謙虚な言い方**を心がける

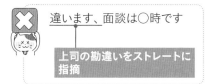

違います、面談は○時です

上司の勘違いをストレートに指摘

予定表では○時ですが、確認して参ります

予定と違うことを穏やかに上司に伝えている

（4）終了したら報告する

指示された仕事が終了したら、必ず指示を出した人に**終了の報告**をします。

指示を出した人にとっては、終了の報告が届くまで、その仕事は終わったことになりません。

指示を受けることと、「無事に終わりました」などの終了報告はセットと考えよう

② 秘書に求められる人柄

1. 求められる性格

　秘書は、上司との信頼関係だけでなく、周囲の信頼も得ることで、よりよい仕事を行うことができます。

　秘書に求められることには次のようなものがあります。

★ 「日常業務」を行うときに求められること

正確さ	指示されたことを間違いなく行う
慎重さ	ミスがないよう、注意を払う
迅速さ	手元にある仕事は素早くこなし、勝手に後回しにしない

★ 「人間関係」をスムーズにするために求められること

謙虚さ	上司の補佐役として立場をわきまえて行動する
寛大さ	感情的になったり自分の考えを人に押しつけず、広い心を持つ
明朗	いつも明るくほがらかで、生き生きしている
協調性	我を通さずに、相手のことを認める
情緒の安定	相手の言葉に一喜一憂せず、つねに気持ちが穏やかで安定している
礼儀	だれに対しても、あいさつと基本的な会話ができる

★ 「補佐役」として求められること

誠実	心を込めて上司の仕事を処理し、約束を守る
機転が利く	相手の望むことに臨機応変に対応できる
責任感	任された仕事は最後まで行う。人から頼られたときにも、最後まで応えることができる

上司について尋ねられたときは、機転を利かせて、上司にとってプラスに働くような受け答えをしよう

2. 部下・後輩への指導

　急ぎの仕事が重なったときなどは、部下や後輩の力を借りなければならないこともあります。

　部下や後輩に仕事を頼むにあたって、**ミスを事前に防ぐための指導や心がけ**も、先輩秘書にとっては大切な仕事といえます。

- 仕事の目的や手順を**丁寧に説明**し、**期限**を伝える
- 見本などを使って仕事の内容の理解に役立てる
- **注意点**などの情報は、できるだけ事前に伝える
- **質問や疑問点の有無を確認**する
- 部下・後輩が相談しやすい環境をつくる

3. 秘書としてふさわしくない性格や振る舞い

　次のような性格や振る舞いは、秘書として望ましくありません。

（1）周りのことが見えなくなる

　熱意を持って仕事に取り組むあまり、**周囲の状況**が見えなくなってはなりません。取り組んでいるものや見えているものの**周囲や背後にも気を配る**よう、心がけましょう。

（2）納得しないと動けない

自分が考え、納得してから動く

複数の仕事を併行して進められない

動きながら考え、判断する

そうできるよう、心がけることが大切

（3）1人でしないと気がすまない

　大切なのは、決められた時間（日時）までに仕事を終わらすことです。

- 状況に応じて周囲の人たちを**助け**、また**助けてもらうようにする**
- **みんなで仕事を進める**気持ちを持つ

（4）自分が認められたい

　秘書の仕事の中心は上司を補佐することです。縁の下の力持ちとし

て仕事に取り組み、トラブルなどが何も起きず、無事に終えることができてはじめて成功といえます。

- 「自分が自分が」という**自己顕示欲を持たない**

❸ 自己啓発

1. 秘書としての自己啓発

秘書の印象を通して、会社や上司が評価されることもあります。**秘書は会社の顔**という気持ちを忘れず、いつも周りの人達から見られているという意識を持ちましょう。

また、つねに**探究心や向上心を持つ**ことも大切です。

(1) 秘書としての良識

秘書には、次のような良識ある行動が求められます。

- だれに対しても、きちんとしたあいさつができ、**相手を尊重した言葉遣い**ができる
- だれに対しても、**礼儀正しく友好的な態度**がとれる
- つねに**相手の立場を考えた行動**をとることができる

良識とは、社会人に求められる健全なものの考え方、判断力のことだよ

(2) 秘書としての常識

秘書としての常識には、次のようなものがあります。

- 仕事でかかわり合う人達と円滑にコミュニケーションをとるためにも、新聞やテレビなどでとり上げられている政治、経済、社会の動き、景気動向などの知識は、最低限でも身につけておく
- 高校レベルの英会話や歴史の知識などについて、身につけておく

2. 教養を高める

　教養を高めることで、**人間性**を豊かにすることができます。知識が増えれば物ごとのとらえ方や見方が変わり、視野が広がるからです。

教養を高めることで変わること

①上司をはじめ、あらゆる人達と**広範囲の話ができ**
　るようになる
②**謙虚な態度**で人の話が聞ける
③相手の考え方や性格、人柄などが理解しやすく
　なるため、**勝手な思い込みで行動しなくなる**
④**人間関係を深めるきっかけ**をつかみやすくなる

 確認 Q A

Question		Answer	
Q1	有給休暇は社員の権利なので、自分の都合で自由に取得してもよい	A1	上司のスケジュールを確認する　×
Q2	秘書は上司の補佐役である	A2	補佐役であり、縁の下の力持ち的存在　○
Q3	上司から指示を受けている途中、疑問が生じたら、その都度確認する	A3	最後まで指示を聞いてから、まとめて確認する　×
Q4	どんなときも周囲の手を煩わすことがないよう、1人で仕事をこなすことが優先される	A4	決められた日時を守るため、状況に応じて周囲の人たちに手伝ってもらう　×
Q5	社会人に求められる健全なものの考え方、判断力のことを常識という	A5	常識ではなく、良識　×

問題　次は、上司から指示を受けたときの秘書Aの振る舞いである。中から不適当と思われるものを一つ選びなさい。

1　ほかの作業で忙しくしていたが、中断し、メモとペンを持ってすぐ上司のもとに行った。

2　上司に指示された日時にはすでに予定が入っていたが、「その日の○時には面談の予定が入っておりますが、確認いたします」と穏やかに伝えた。

3　上司の指示により複数の仕事が重なることになったため、上司に優先順位を尋ねた。

4　上司から指示された期日までに作業が終わりそうもなかったため、機転を利かせて、部下に手伝ってもらい、終了してから報告した。

5　指示された作業が終了したので、すみやかに報告した。

・解説▶ ··

① 上司に呼ばれたら**すぐ返事**をし、たとえ作業中の仕事がきりの悪い状態だったとしても、**上司のもとに行く**ようにします。

② 上司の指示に間違いがあるときは、「違います」とストレートに指摘しすぎないよう、**謙虚な言い方**を心がけます。

③ 指示が重なった場合は勝手な判断はせず、**上司に優先順位の指示を仰ぐ**ようにします。

④ 指示された期日に間に合わないことがわかったときは、**すみやかに上司に報告**をし、指示を仰がなければなりません。自己判断は避けましょう。

⑤ 上司から指示を受けたら、**報告するまでが仕事**です。

正答　**4**

秘書に必要な能力

今日の
ポイント

▶ 判断力・洞察力・表現力など、秘書の業務にはさまざまな能力
　が求められる
▶ 機密事項の取り扱いは慎重に行う

❶ 判断力・洞察力・表現力・記憶力

　秘書が上司を補佐しながら、快適な仕事環境を維持していくためには、仕事を遂行する上での基本的な能力が必要になります。

1. 判断力──上司の指示の範囲内で

（1）予定外の事態に際して

　定型的な業務でも、突発的な事態が起こったり、当初の予定を変更したりすることもあります。そのようなとき、秘書には**状況に応じ適切な判断をする**ことが求められます。判断のポイントは次の通りです。

- 上司に指示されていることは何か
- 最も優先すべきことは何か
- 何が問題になっていて、それを解決するためにはどうするべきか

（2）秘書が判断できること、できないこと

　日常的業務についても、どうすれば上司の仕事を**よりよく効率的に**補佐できるかをいつも考え、必要な判断を行います。

　ただし、面会予約など、上司の意思決定が必要なことについて秘書が勝手に判断してはいけません。

さまざまなケースがあるけど、たとえば、スケジュールが重複する場合の優先順位を決めるのは、上司だよ

2. 洞察力

　上司からの指示を待つだけではなく、その場の状況を読み取り、過去の同様な場面での上司の行動を考えて、**先回りして準備をする姿勢**も求められます。

　早とちりがないよう、**最終的には上司に確認**することが必要です。

3. 表現力――正確に伝える

　表現の方法としては、口頭や電話、文書、手紙、Eメールなどが考えられます。いずれの場合も、次のような点がポイントになります。

- **正確**であること
- ビジネスにふさわしい**形式**と**言葉遣い**を具えていること
- **敬語**を正しく使いこなすこと

4. 記憶力――大切なことはメモをとる

　秘書は、上司の備忘録の役割も担います。特に接遇の際には、先方の**顔と名前**、**会社名**、**所属部署**、**上司との関係**などをしっかり覚えるようにします。

　大切なことは、ノートやパソコンなどに残します。

初対面のお客様の場合、外見などの特徴をメモしておくと記憶に残りやすいかニャ

❷ 処理力・行動力

1. 処理力──正確に指示を受け、的確に処理する

　上司からの指示を間違って認識していると、結果的に時間が無駄に過ぎ、期日に間に合わなくなってしまいかねません。

　そのようなことがないよう、秘書には、上司からの**指示を正確に受け、素早く理解し、的確に処理する能力**が求められます。

2. 行動力──迅速に対応する

　忙しい存在である上司を補佐するのが秘書の仕事です。

　上司の要望に応えることができるよう、秘書はいつでも**フットワーク**を軽くし、いくつもの仕事を併行して処理できるような体力と機敏さが求められます。

- 職場の機器などについて、いざというときに助けてもらえそうな人材についての**最新の情報**も積極的に得ておく

日ごろから社内で助けてもらえそうな人材を把握しておき、急なトラブルにも迅速に対応

❸ 情報収集力・人間関係調整力

1. 情報収集力──秘書ならではの情報提供を

　立場が違う上司と秘書とでは、組織の中で、集まってくる情報の内容や質も違います。秘書は、秘書だからこそ集めやすい社内情報を中心に、**有効な情報を上司に提供する**ようにします。

また、上司の業務に関連する情報や上司が興味を持っている情報を自主的に集め、必要に応じて上司に提供します。

新聞や雑誌、書籍、テレビ、インターネットなどを通じて、日ごろからさまざまな情報に触れるよう心がけよう

2. 人間関係調整力──人間関係の橋渡し

秘書は、上司と社外・社内の関係者の間に立って、それぞれに必要な情報を提供する役割も担っています。

そうした仕事を進める際は、上司と関係者との人間関係がより円滑になり、結果として上司の仕事がより円滑に進むように、上司と関係者の間で、人間関係の調整を進めることも求められます。

- 秘書は、人間関係の**パイプ役、橋渡し役**でもある
- だれとでも分け隔てなく誠実に積極的な交流を図り、多くの人から信頼を得る

❹ 機密の保持

1. 組織の機密は絶対に漏らさない

秘書は、立場上、正式な発表以前に**人事異動（いどう）や組織変更**などの機密事項に触れることがあります。しかし機密事項に関しては、どれほど**些細（ささい）なことでも、だれに対してでも他言してはいけません。**

機密事項には、人事や組織の情報、社員の個人情報、取引内容、新製品や新企画の内容など、さまざまなものがあります。

- 機密に触れるような質問を受けた場合は、たとえ知っていたとしても、「私は知る立場にない」と答える
- どのような場合にもだれにも言わないという強い心がまえが必要

学びNAVI　機密書類などの扱いの例

① 気軽に**コピー**をとらない
② 机の上などに機密書類は**放置せず**、引き出しにしまう
③ 離席の際は、パソコンの画面を閉じるなど、**人目に触れない**ようにする
④ 持ち出した場合、交通機関の中や飲食店、家庭においても扱いには注意を払う
⑤ 廃棄の際は、**シュレッダー**などを利用する

2. 上司のプライベートについても慎重に

　秘書は、上司のプライベートな情報についても知る立場にあります。しかし、上司に関する次のような情報は**関係者以外に漏らすことがないよう、十分に気をつけます。**

- 上司の自宅住所、電話番号、携帯電話番号、Eメールアドレス
- 上司の家族や友人に関する情報
- 上司の私的な活動、交流に関する情報
- 上司の健康に関する情報

 確認

Question	Answer	
Q1　上司のスケジュールが空いていたため、上司に確認をとらずに予定を入れた	A1　上司に確認をとる	×
Q2　お客様の身体的な特徴をメモして覚えるのは失礼にあたる	A2　失礼にはあたらない	×
Q3　秘書は人間関係の調整役である	A3　人間関係のパイプ役、橋渡し役ともいう	○
Q4　同僚から人事について尋ねられ、知っていたが「知る立場にない」と答えた	A4　だれであっても機密事項を話してはいけない	○
Q5　初対面のお客様との雑談で、上司の家族構成を話した	A5　上司のプライベートを外部に漏らしてはいけない	×

問題 秘書Ａの上司が外出中、取引先から電話が入り、「急いで確認を取りたいため、個人の携帯電話番号かメールアドレスを教えてもらいたい」と言われた。この日、上司は会社には戻らない予定である。このような場合、秘書Ａはどのように対処したらよいか。中から適当と思われるものを一つ選びなさい。

1 電話に出ることができない場合を考え、メールアドレスを教えた。

2 メールに気づかない場合を考え、携帯電話の番号を教えた。

3 秘書からは教えられないと伝え、総務部から折り返し電話すると言って電話を切った。

4 個人情報は伝えないように指示されている旨を伝え、明日またかけ直してもらうよう、丁寧にお願いして電話を切った。

5 相手の伝言を聞いた上で、秘書Ａから上司に連絡をとり、上司から取引先に直接電話をしてもらうようにした。

・解説・

✘ 相手が急いでいたとしても、上司の**プライベートな情報を外部に漏らしてはいけません**。

✘ 1と同様です。

✘ どの部署であっても、上司のプライベートな情報を外部に漏らしてはいけません。

✘ 明日では**間に合わない場合**もあるため、相手の都合を確認しなければなりません。

⑤ 取引先がいくら急いでいるからといって、安易に個人情報を教えることはできません。この場合、**秘書Ａから上司に連絡**をとり、上司から直接電話をかけてもらいます。

正答 **5**

第2章

職務知識

Contents

秘書の役割と機能

 今日の
ポイント
▶ 組織の中の、秘書の位置づけを自覚する
▶ 秘書業務の限界を知り、限られた範囲内で最大限の上司のサポートを行う

❶ 組織の中での秘書

1. 組織の中での秘書の機能

（1）上司と秘書の役割の違い

　　上司は会社の期待に応えることが求められる一方で、**秘書は上司の期待に応える**ことが求められています。

　上司の機能　→　経営管理
　　　　　　　　＝会社の運営に携わり、必要な意思決定を行う

　秘書の機能　→　上司の補佐（アシスト）
　　　　　　　　＝上司が本来の任務に専念できるよう、雑務などを引き受ける

経営管理 ← 上司 ← 補佐 ← 自分

秘書の仕事
来客の応対、日程管理、文書管理、会議の準備、上司の身の回りの世話など

秘書が上司の期待通りの
アシストをすることが、上司
の「働き」につながるん
だね

（2）ライン部門とスタッフ部門

　会社の中には、営業部・製造部・総務部・経理部のようにさまざまな部門があります。これらは機能によって**ライン部門**と**スタッフ部門**に分けられます。

ライン部門 　→ 　<u>会社の利益に直接結びつく仕事</u>
　　　　　　　　製造・販売・営業など

スタッフ部門 　→ 　<u>ライン部門の人達が働きやすい環境を整え、支援を行う</u>
　　　　　　　　総務・経理・人事・マーケティング・広報など

ライン部門とスタッフ部門

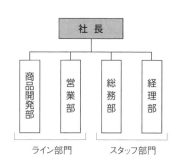

社　長

| 商品開発部 | 営業部 | 総務部 | 経理部 |

ライン部門　　スタッフ部門

上司…経営戦略に関連する仕事
　　　　→**ライン部門**
秘書…上司の仕事を補佐
　　　　→**スタッフ部門**

スタッフ部門は、脚光を浴びにくいが、ここがきちんとしていなければ、お客様からの信頼は得られない重要な部署といえる

それぞれの部門で働く人達が自分の役割を自覚し、力を発揮できたときに、組織は大きく成長できるんじゃないかな

2. 補佐機能の本質

　上司が担当するたくさんの仕事の中で、**限定された範囲の業務を助け**るのが補佐としての秘書の役割です。

　上司から求められる基本的な補佐像には、次のようなものがあります。

- 上司の要望・指示に、**忠実に、即座に従う**
- **縁の下の力持ち**に徹し、立場をわきまえる
- 物ごとに**臨機応変（りんきおうへん）に対応**する
- だれに対しても丁寧に接し、**明るい態度で仕事に取り組む**
- 人間関係の**円滑油、パイプ役**

3. 秘書の職務範囲

　秘書の仕事はあくまで上司の補佐です。上司の負担を減らしたいという前向きな気持ちであっても、秘書が代理で会議に出席したり、独断でスケジュールを変更したりすることはできません。

❷ 秘書の分類

1. 秘書の分類

　秘書は、所属する組織の規模（補佐する上司の数）や所属部門の業務内容によって、大きく**個人つき秘書、秘書課（室）秘書、兼務秘書、チームつき秘書**の４つに分けられます。

学びNAVI　「個人つき」と「秘書課（室）」

①個人つき秘書
　→医師、公認会計士、弁護士といった、専門職の上司につくことが多い

②秘書課（室）秘書
　→トップマネジメント（社長・副社長・会長・役員など）の補佐をするとき、複数の秘書で１人の上司を、または１人で複数の上司を補佐することもある

★ 秘書の分類

分類	形態
①個人つき秘書	**欧米型**。特定の上司に、**専属**の秘書がつく形 
②秘書課（室）秘書（トップマネジメント）を補佐	**日本型**。複数の秘書で構成する秘書課（室）に所属し、**チーム全体で社長や会長、役員を補佐**する。直属の上司は、秘書課（室）長 
③兼務秘書（ミドルマネジメント）を補佐	**上司と同じ部署に所属**する。上司の秘書としての仕事と、部署の部員としての役割を兼ねる
④チームつき秘書（プロジェクトチーム）を補佐	特定のチーム内で必要な秘書業務を担当する 

　マネジメントとは、「経営管理」という意味です。会社の経営目的に沿って、管理や運営を行うことをいいます。

2. 機能などによる秘書業務の分類

秘書は、機能などによって**直接補佐型**と**間接補佐型**に分けられます。

★秘書業務の分類

分類	特徴
直接補佐型 （**ブレーン型秘書**）	**上級秘書**と呼ばれる。専門的な知識を持っているため、上司の**ブレーン**（頭脳）として、上司に意見を述べることがある
間接補佐型 （**副官型**）	一般秘書。上司でなくてもできる**雑務**を一手に引き受ける

ブレーンとは、私的な顧問や相談相手のこと。日本の秘書は、間接補佐型がほとんどだね

③ 職務に対する心がまえ

1. 秘書の判断で進められる仕事、そうでない仕事

職務についての心がまえで最も大切なことは、仕事の内容を**定型業務**とそれ以外の**非定型業務**に大別して、それぞれの違いを把握した上で仕事を進めることです。

定型業務は、基本的に**秘書の判断で進める**ことができます。しかし、それ以外の非定型業務については、**上司の指示に従って仕事を進める**ようにします。

定型業務 → 日常業務
秘書の判断で進めることができる

非定型業務 → 突発的なできごと、日常業務の枠内では処理できない業務
上司の指示に従う

2. 上司が不在の場合の対応

　上司が外出や出張で不在のときに、面会予約の電話が入ったり、突然の訪問があったり、あるいは取引先から至急の電話が入ったりする場合があります。

　こうした場合の対応のポイントは、次の通りです。

- 秘書が予測に基づいて**勝手な判断**をして、**返事をしてはいけない**
- 上司に連絡がとれない場合は、**上司の代理や秘書課の課長など**に指示を仰ぐ
- 上司の**行き先や携帯電話番号、宿泊先**などの情報を安易に漏らさないようにする

3. 上司に進言する場合

　進言とは、上の立場の人に意見を申し述べることです。通常は、秘書が上司に意見を述べることはありません。

　ただし、事態をそのままにしておくと、上司にも悪影響があったり、上司が人前で恥をかいたりすると考えられる次のような場合には、進言してもよいでしょう。

 上司の健康や食事内容に関すること

 上司の明らかなミスや勘違い

　上司から意見を求められた場合も、進言する場合も、「恐れ入りますが」といった言葉を添え、失礼のないように配慮します。

4. 上司のことをよく理解する

　上司の仕事内容の概略のほか、**上司の人柄や性格、出身地、母校、趣味、住所、家族構成**といった、**パーソナルな情報**についても把握しておきましょう。上司についてより豊かなイメージをつくることができ、より行き届いた補佐が可能になります。

- 通常のコミュニケーションの中で**自然にわかってくる範囲の情報**を把握するようにする
- プライベートなことに**深く立ち入らない**

④ 秘書の職務範囲

1. 秘書の職務

秘書は、秘書としての職務範囲（役割）の限界を理解しておくことが大切です。

（1）上司と秘書は立場が異なる

上司と秘書とでは、立場が明らかに異なります。秘書には**業績にかかわることや人事に関することなどに口出しする権限はない**点を忘れないようにしましょう。

上司に行動を促すときには、
「〜してください」ではなくて、
「〜していただけませんか」

（2）余計なことは言わない

指示をされていない場合、上司の代わりに社員の勤務状態や態度、行動に対して**注意する権限はありません**。

2. 越権行為

　上司から指示を受けず、秘書が勝手に職務範囲をこえた仕事をした場合、それは**越権行為**とみなされます。また、本来は上司の判断が必要とされる仕事について、自分の判断だけで行動した場合、**独断専行**とみなされます。

★秘書が行ってはいけないことの例

業務別	秘書が行ってはいけないこと
決裁業務・稟議書関連	決裁業務や稟議書への勝手な押印
お客様との約束関連	上司が決めたお客様との予定を勝手に変更する
接客関連	独断で上司の代理としてお客様をもてなす
仕事や会議関連	上司が担当する仕事や会議の内容について根ほり葉ほり尋ねる
出張・外出関連	出張や外出の理由・目的を詳しく尋ねる
文書作成・変更関連	上司の許可なく、文書の作成、変更、差し替えを行う
スケジュール関連	上司のスケジュールの変更や追加を自分で判断する

確認 Q A

	Question		Answer	
Q1	ライン部門の仕事をこなす上司の補佐をする秘書もライン部門である	A1	秘書はスタッフ部門にあたる	×
Q2	日本の秘書は、ほとんどが間接補佐型である	A2	上司でなくてもできる雑務を一手に引き受け、副官型ともいう	○
Q3	定型業務も非定型業務も秘書の判断で進めてよい	A3	秘書の判断で進めてよいのは原則として定型業務のみ	×
Q4	上司の仕事を理解するため、会議の内容を細かく尋ねた	A4	越権行為にあたる	×

問題　上司の外出中に、不意の客がやってきた。秘書Ａの対応として、中から適当と思われるものを一つ選びなさい。

1　名前と会社名を尋ね、上司が外出中であることを伝え、上司が必ずいる日時をいくつか教えて、改めて来社してもらうようにした。

2　名前と会社名を尋ね、上司が外出中であることを伝え、別の日に面談の予約を入れた。

3　上司が戻る時間を伝えて、そのころ再度来社してもらうようにした。

4　名前と会社名を尋ね、用件を確認したところＯＡ機器の営業であり、会社としては必要のないものであったため、丁寧に断って帰ってもらった。

5　名前と会社名を尋ねたところ、上司の古い友人とわかり、失礼のないよう、応接間に通し、お茶を出して世間話をした。

● 解説

✗　上司のスケジュールをむやみに社外の人に教えてはいけません。また、**面談をするかしないかは、上司が決める**ことです。

✗　面談をするかしないかを、秘書の判断で勝手に決めてはいけません。

✗　再度来社されても、上司が面談をしないと言えば、相手にとって無駄な時間を割いたことになります。

④　会社に必要のないものの営業の場合、設問のように秘書が判断して断わってもかまいません。

✗　失礼のないように対応することは秘書として当然の行いですが、**上司の代理として秘書が接客を行ってはいけません。**

正答　4

秘書の業務

今日の
ポイント

▶ 秘書の定型業務の具体的な内容を理解する
▶ 突発的なできごとでも、的確に事態に対応できるよう、日ごろから備えておく

❶ 秘書の定型業務

1. 日程管理

- 年間と月間などの予定表の管理
- 面会予約や外出、出張などの予定を「予定表」に記入する
- 変更になったスケジュールを調整する
- 社内行事に出席するためのスケジュール調整
- 関係先への連絡と確認　など

2. 来客時の応対

- 来客の応対と案内、来客へのお茶やお菓子のサービス
- 上司への来客の取り次ぎ
- 来客が帰るときの見送り　など

3. 電話応対

- 上司への電話の応対
- 上司がかける電話の補佐
- 問い合わせや連絡などの電話の処理　など

4. 出張事務

- 宿泊先の予約、切符の手配
- 訪問先への連絡
- 旅程表の作成
- 出発準備と経理事務（仮払金の手配）
- 出張中・出張後の処理　など

5. 環境整備

- 机の上の整理整頓（せいとん）と掃除
- 上司の執務室や応接室の照明や換気（かんき）、温度調整
- 災害対策、騒音防止　など

6. 文書事務

- 社内、社外向け文書の作成・校正
- 文書の発送・整理・保管
- コピーをとったり、印刷をしたりする
- 機密文書の管理を行う
- パソコン、ファックスなど、文書関係機器の選択と操作　など

7. 会議・会合

- 会場の手配
- 出席者への開催案内文書の作成と発送
- 会場の設営と後片付け
- 受付業務　など

8. 交際業務

- 冠婚葬祭（かんこんそうさい）の準備と手配
- 慶弔（けいちょう）・お中元・お歳暮などの贈答品（ぞうとうひん）の手配　など

9. 経理事務

- 交通費の精算、各種伝票の起票
- 接待交際費の管理・交際費の精算

10. 情報管理

- 社内・社外からの情報収集
- 資料等の整理　など

11. 上司の身の回りの世話

- 上司の出退勤や外出するときの送り迎え、社用車の手配（運転手とのスケジュールの打ち合わせ／運転日誌は運転手が記入する）
- お茶や昼食のサービス（上司の昼食の手配や、仕事中にお茶の用意をする）
- 上司の健康管理（定期健診の予約／健診を受ける病院は上司と相談して決める）
- たばこや常備薬の購入（救急薬品は常備しておく）
- 理髪店の予約　など

経理とは「お金、財産の管理と会計（お金の記録や計算を行うこと）」などの事務や処理をすること。その方法や書式にはルールがあるので、先輩や経理部の人に確認しよう

❷ 秘書の非定型業務

1. 仕事の処理のしかた

仕事によっては、突発的な**非定型業務**も発生しますが、今までの経験からある程度、どう処理すべきなのか、その後の展開が予測できるものもあります。

このような突発的なできごとに遭遇したときにも、あわてないですむように、どのように対処すべきなのか、**ふだんから備えておきましょう。**

- 万が一の事態に備えて、仕事の手順、処理のしかたを上司に相談しておく

2. 日常で想定できる非定型業務

（1）約束がない突然の来客

約束をしていないお客様が来社されたとしても、にこやかに、丁寧に応対しなければなりません。

- どのように対処すればよいのかわからない場合は、「**少々、お待ちくださいませ。ただいま確認して参ります**」と告げて、上司や上司の代行者に**必ず指示を仰ぐ**

（2）上司の急な出張

出張期間が、すでに入っているスケジュールと重なる場合は、**相手先に日にちの延期のお願い**をします。その際、出張終了後の都合を確認しておきます。

- 必要であれば訪問先や宿泊先を確認し、**旅程表**を作る。上司に確認した上で、社内の関係部署に知らせる

（3）予定外の秘書自身の出張や残業

上司から前ぶれなく出張するように指示されたり、「残業をしてほしい」と言われることもあります。そういった場合は、**たとえ時間外でも、できるだけ仕事を優先させる**ようにします。

(4) 新人の指導

　後輩の秘書が入社したら、責任を持って指導します。秘書としての**職務限界**や**責任**についても、きちんと説明しましょう。

忙しいからといって後輩の指導を
後回しにしない。後輩が育たな
ければ、上司の仕事にも支障を
来すよね

(5) 配置転換による引き継ぎ

　上司が変わってもあわてずいつも通りに対処します。**新しい上司の仕事の進め方を早く覚える**ことが大切です。

③ 仕事の合理化

1. 合理化の工夫

　つねに**標準化・単純化**ができる方法がないかを考える習慣を身につけましょう。時間の節約や**仕事の合理化**にも結びつきます。**まず、日常業務の進め方を見直す**ところから始めましょう。

(1) 仕事を標準化する

　標準化とは、仕事のマニュアルやフォーマットなどを作り、**仕事の手順を一定の形にしておく**ことです。

- 同じフォーマットを利用することで、効率もよくなり、管理もしやすくなる

(2) 業務の所要時間を見積る

　書類作成や精算業務など、上司のアシスタントとして行う日常業務が、**それぞれどれぐらいの時間を必要とするのか**、標準となるものさしを作ります。慣れると、だいたいの所要時間を見積れるようになります。

（3）自己管理をしっかりする

しっかりと自己を管理（**マネジメント**）するための考え方を身につけ、実践します。

- **計画を立てて**から、作業にとりかかる
- 一通り仕事を終えたあと、その内容について**改善点などを検討**することで、次回はより効率的に作業ができるようになる
- **問題点**があれば、解決するまでのプロセスを記録として残しておく

（4）優先順位をつける

仕事がいくつも重なってしまったら、それぞれの期限を確認して**優先順位をつける**、急ぎのものが複数あれば同僚に手伝ってもらう許可を上司に得るなど、**臨機応変に対応**しましょう。

仕事の優先順位の考え方

①まず上司から指示された**急ぎの仕事**に取り組む
②**期限が近づいている仕事**から処理する
③時間がかかりそうなものは、所要時間を計算して、**計画的に取り組む**

2．合理的な進め方

（1）空き時間を利用する

　上司の留守には、比較的自由に時間が使えます。このようなときは、ふだん気になっていてもなかなか手をつけることのできない、**緊急度の低い仕事を行う**ようにするとよいでしょう。空き時間を利用してできる仕事には次のようなものがあります。

- 書類や名刺のファイリング、新聞などの切り抜きの整理
- 社史や会社の規則、組織の方針などに目を通す
- 部屋の模様替え
- 退任した幹部の氏名、経歴などを覚えたりする

（2）OA機器の活用

　仕事を合理的に進める上で、パソコンなどの**ＯＡ機器の活用**は欠かせません。積極的に導入することで時間短縮が可能になります。

 確認

Question		Answer	
Q1	上司の健康管理は個人的なことなので、秘書の定型業務ではない	A1 健康管理を含む上司の身の回りの世話は、秘書の定型業務である	×
Q2	上司が急な出張となった場合、秘書の判断で出張中のスケジュールや宿泊先を社内で共有しなければならない	A2 上司の判断により、共有する	×
Q3	仕事の合理化を考える際は、まず日常業務の進め方を見直すようにする	A3 マニュアルを作るなどして、仕事を標準化する	○

問題 次は、秘書Aが新人Bに対して行った、秘書の業務に関する指導である。中から不適当と思われるものを一つ選びなさい。

1 上司の執務室の温度調整は、秘書の定型業務の一つである。

2 仕事がいくつも重なってしまったら、上司に指示された急ぎの仕事を少し待ってもらい、期限が近づいている仕事から処理するようにする。

3 急な残業を上司から指示されたときは、できるだけ断わらず、私事よりも仕事を優先させる。

4 仕事のマニュアルを作ったり、フォーマットを作っておくことで、仕事の効率もよくなり、管理もしやすくなる。

5 上司の留守中に、退任した幹部の氏名、経歴などを覚えたりするとよい。

• 解説

① 上司の執務室や応接室の照明、換気、温度調整などは、秘書の定型業務の一つです。

② **上司の急ぎの仕事が最優先**です。その後、期限の近づいている仕事を行うようにします。

③ 上司から前ぶれなく残業を指示された場合にも、**できるだけ仕事を優先**させるようにします。

④ 仕事を**標準化・単純化**することで、時間の節約につながり、仕事の合理化にも結びつきます。

⑤ 上司の留守中は、**緊急度の低い仕事を行う**ようにします。設問の内容のほか、書類や名刺のファイリングなどもよいでしょう。

正答 **2**

第 3 章

一般知識

Contents

企業組織のしくみと活動

今日のポイント

▶ よく使われる組織や人事、労務に関する言葉を覚える
▶ マーケティングの知識を持つことで、企業目線で商品やサービスを考えることができる

① さまざまな企業形態

1. 企業・会社の種類

　企業形態は、大きくは国や地方公共団体が運営する**公企業**と、それ以外の**私企業**に分けることができます。株式会社や合同会社は私企業の代表例です。

公企業 → 国営企業（国有林野事業・造幣事業など）
　　　　　公共企業・地方公営企業（水道事業など）

私企業 → 共同企業（法人企業）
　　　　　個人企業
　　　　　　　　　↓ さらに細分化

　　　　　・**公益法人**（財団法人や公益社団法人）
　　　　　・**営利法人**（株式会社、合同会社、合名会社、合資会社）

学びNAVI　企業の形態

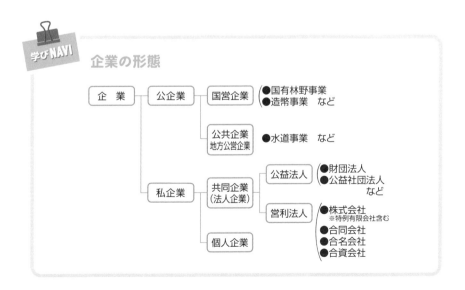

2. 株式会社の特徴

　私企業に分類される営利法人の中で代表的なのが**株式会社**です。株式会社は**株主**（出資者）と、会社を運営する**経営者**、実際の業務に従事する**従業員**とによって成立しています。株式会社には、次のような特徴があります。

（1）株主と経営の分離

　会社の経営は、多くの場合、株主総会で選任された**取締役**に経営を任せることになります。会社の**最高意思決定機関となるのが株主総会**です。

（2）取締役会

　株主総会で選任された取締役で構成されるのが**取締役会**です。**代表取締役社長をはじめ専務や常務などは、この取締役会でメンバーの中から選出**されることになります。

- 取締役会は経営方針を決める**会社の頭脳**にあたる
- 取締役の選任や解任、職責なども、話し合われる

（3）執行役員

　株式会社を運営していく執行メンバーには「**取締役**」や「**監査役**」がいます。会社を経営していく上での最高責任者は**代表取締役**で、社長がこの役目を担うケースがほとんどです。

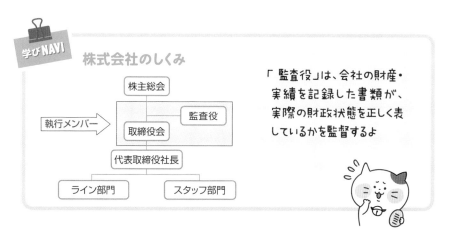

学びNAVI

株式会社のしくみ

「監査役」は、会社の財産・実績を記録した書類が、実際の財政状態を正しく表しているかを監督するよ

3. 経営組織と社会的責任

　会社は利益を追求しなければなりませんが、その活動は**公共性**、**社会性**、**公益性**のあるものであることが前提となります。どのように世の中に貢献しているのか、つねにその社会的責任が問われます。

（1）株主への責任

　株式会社の場合は、株主に株の購入という形で会社に出資してもらいます。一方、会社はより多くの利益を上げることで、株主からの出資に対して**より多くの利益配当を実現**する責任があります。

（2）従業員への責任

　会社は、従業員に対してその働きに見合う**報酬**（給与・賞与・退職金など）を支払います。また、従業員とその家族の**生活の安定を保障**する責任があります。

（3）消費者への責任

　消費者が求めやすい**適正価格で商品やサービスを提供**することはもちろんのこと、市場で商品などを販売したときから、その**品質管理**、**安全性やアフターフォロー**を行う義務と責任があります。

（4）社会、取引先への責任

　融資を受けている金融機関に、会社として儲けを出し、きちんと**返済**する責任があります。国と地方自治体に**税金**を支払い、また地元の人達の**雇用**を広げられるよう努力します。

❷ 人事と労務管理

　会社が利益を上げていくためには、よい人材を集めることが大切です。また、その人達の能力を十分に発揮してもらうためには、適材を適所に配属するとともに、成果を適切に評価することが必要です。

1. 人事管理

　労務方針や労働条件について、経営者が一方的に決めるのでは、会社はうまく機能しません。**適切な人員の配置が行われているか、公正に人事が行われているか**を考えながら、管理していくのが人事管理です。

（1）人事考課（こうか）

　人事考課とは、**従業員一人ひとりの業務遂行状況や能力を、一定の基準で査定（さてい）すること**をいいます。

- 仕事・賃金・教育という3つのフィルターを通して評価を行う
- 公平な評価のための、ものさしとなる

（2）人事異動（いどう）

昇進	➔	役職や序列がより上位になること
昇格	➔	資格や等級が上がること
降格	➔	役職や序列がより下位になること
栄転	➔	現在より高い職位に転任すること
出向	➔	在籍する会社は現状のまま、子会社や関連会社に派遣されること
転籍	➔	在籍する会社を子会社や関連会社に移行すること

人事異動は、企業が最も
効率よく機能し、生産性を
向上させるために行われるよ

2. 労務管理

　従業員の労働力を企業活動に上手に活かすことで、会社は大きく成長していきます。そのために、**労働条件や制度を整備し、管理する**ことを**労務管理**といいます。

- **賃金制度・労働条件・福利厚生制度・教育制度**などの整備
- 社内では経営者が中心となり、総務部、人事部、労務部などが担当する

組織の目標を実現させ、従業員の意欲を向上させるために、労務管理は有効だよ

3. 人事・労務に関する用語

★覚えておきたい人事・労務の用語

用語	意味
終身雇用制度	一度採用した従業員は、原則解雇されることなく、同じ企業に定年になるまで働くことができる制度
年功序列	従業員の給料や昇進などの処遇が、年齢や勤続年数を中心にして決まる制度
ジョブローテーション （Job Rotation）	配置転換のこと。従業員の職務を一定期間ごとに替えることで、現場で仕事をしながらさまざまな経験を積むことができる
ＯＪＴ （On The Job Training）	新入りの従業員に、実際の業務に従事させながら、現場で教育訓練を行うこと
就業規則	労働条件、人事制度、服務規程などを定めた会社の規則
フレックスタイム （Flextime／FlexibleTime）	出退勤時間を自分で選んで、1日または、1週間で所定の時間数を勤務する制度。フレックス制
コアタイム （Core Time）	フレックス制を採用している中で、社員全員が働く時間帯のこと

モラール・サーベイ (Morale Survey)	従業員のモラール（士気、労働意欲）を測定する手法のこと。欠勤率、仕事の失敗率を記録に残して調べる方法などがある
福利厚生	従業員とその家族の福祉向上のため会社が設ける制度や施設のこと。保険や社員寮、保養施設などがある
自己申告制度	従業員が、仕事に対してどれぐらい満足しているか、能力の活用が行われているか、どのようなテーマで仕事をしているかなどについて考えをまとめて提出する制度
早期退職制度	通常の定年より早く社員に退職を促す制度。この場合、退職金の優遇などが提示される
ワークシェアリング (Work Sharing)	仕事を複数人で分け合うことで、1人あたりの作業の負担を減らすこと。労働時間の短縮や、新たな雇用にもつながる
ベースアップ (Base Up)	給与のうち、基本給部分の水準を引き上げることをいう。略して「ベア」
定期昇給	年齢や勤続年数などによって給与が上がるもの。ベースアップとは別である
賞与	夏期や年末など、給与とは別に支給されるもの。ボーナス
労働三法	労働関係について定めた、労働組合法・労働基準法・労働関係調整法の3つを指す。 ○労働組合法…労働者の団結権、団体交渉権、団体行動権などを定めている ○労働基準法…労働時間、残業手当などの最低限の労働条件を定めている ○労働関係調整法…労働争議を予防し、争議になったときの調停、仲裁法などを定めている
育児・介護休業法	育児や介護が必要な労働者を支援するための法律
育児休業	育児・介護休業法で定められた、子どもの養育のために取得できる休業制度。育児をするために休暇を取得する「育児休暇」は、法律で定められたものではない

❸ マーケティングと情報処理

1. マーケティングの流れ

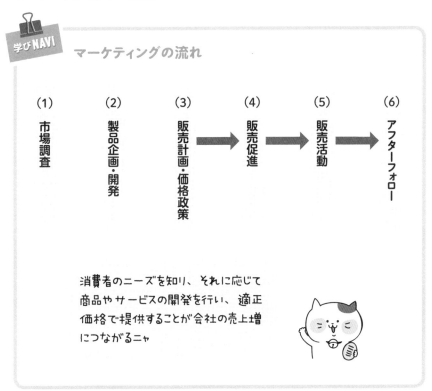

学びNAVI マーケティングの流れ

(1)	(2)	(3)	(4)	(5)	(6)
市場調査	製品企画・開発	販売計画・価格政策	販売促進	販売活動	アフターフォロー

消費者のニーズを知り、それに応じて商品やサービスの開発を行い、適正価格で提供することが会社の売上増につながるニャ

（1）市場調査（マーケティングリサーチ／ Marketing Research）

　商品やサービスについて市場性があるか（売上が見込めるか）、**市場の規模や実態を把握**する段階です。

（2）製品企画・開発

　調査結果に基づき消費者の要望に応じた商品やサービス（価格、特徴、販売時期なども考慮する）を**企画**します。また、試作品も作ります。
- 地域や調査対象の年齢などを限定し、**新商品をテスト的に販売する**テストマーケティング（Test Marketing）の実施

（3）販売計画・価格政策

　具体的にどれぐらいの数量を、どの程度の価格で、どこで販売するのかを数値化して**シミュレーション**を行います。

（4）販売促進（セールスプロモーション／ Sales Promotion）

　消費者に購入してもらうために、パッケージや宣伝方法、店頭での売り方などを計画し、実践します。

（5）販売活動

　営業担当が売り場などに出向いて商品説明を行ったり、売れる方法を売り手とともに考えて実行します。

（6）アフターフォロー（アフターサービス／ After-sales Service）

　消費者に商品を購入してもらったのちに、**修理や使い方の説明・メンテナンス**などのサービスを行います。

2. マーケティングの知識

　消費者が商品に興味をひかれ、購入するまでの心理過程をまとめたものに**ＡＩＤＭＡ（アイドマ）の法則**があります。

AIDMA（アイドマ）の法則

A ── I ── D ── M ── A
(Attention)　(Interest)　(Desire)　(Memory)　(Action)

A　Attention……注意をひかれる
I　Interest………興味をそそられる
D　Desire………（購買）欲求を刺激される
M　Memory………記憶する
A　Action………（購買）行動を起こす

3. マーケティングに関する用語

★ 覚えておきたいマーケティングの用語

用語	意味
クライアント	依頼者
コンシューマー	消費者
エージェンシー	代理店
コンシューマーリサーチ	商品に関して、消費者を対象に商品の知名度、購入経験、関心度などを調査する
訪問調査	対象者宅を訪問して調査票を使って質問する
ロケーションテスト	会場に対象者を呼び、商品テストをする
街頭テスト	通行者などにアンケートをとる
テレマーケティング	電話を使って行う市場調査や勧誘
DM（ダイレクトメール）	「宛名広告」ともいう。直接、消費者にあてた広告のこと。対象となる相手に商品やサービスのパンフレットやカタログを送ったり、セールや展示会などの案内を行う
メディア	新聞や雑誌、チラシ、テレビ、インターネット、ラジオなど、情報を伝達するための媒体
メディアミックス	広告する方法を考えるときに、訴求効果が高いと考えられる複数のメディアを組み合わせて情報を流すこと
販売促進	商品販売を促進するための活動。セールス・プロモーション ○販売店や販売員向け…商品見本を配布したり、展示会を開催して商品を理解してもらう ○消費者向け…商品内容を説明するパンフレットを渡したり、テレビなどの媒体で宣伝する ○社内向け…一丸となって商品を市場に売り出していくために、商品の企画趣旨や見本を配るなど
アンテナショップ	商品をPRしたり、商品に対する消費者の反応を見るために開設する店舗
パブリシティ	新商品などの情報をテレビ・雑誌などの媒体に提供して、記事・報道を通して商品を紹介してもらうこと
POP広告	店舗に備えつけてある宣伝資材。プライスカードやパネル、ポスター、ウインドウディスプレイなどがこれにあたる

バナー広告	インターネットのサイト上に表示される短冊状の広告。クリックしてもらうことで広告主のサイトへと誘導する
商標	商品の独自性を表すためにつけられる標識。トレードマーク
プレミアム	商品につく景品
付加価値	商品やサービスに、その会社独自の価値をつけること

4. 情報処理の進歩とニューメディア

（1）情報処理の進歩

　コンピュータなどの導入により、**オフィスオートメーション化（OA〔Office Automation〕/事務処理の自動化）** を進める会社が増え、積極的に**事務処理のスピード化、効率化、事務コストの軽減**などの取り組みが行われています。

　また、インターネットや携帯電話・スマートフォンが普及したことで、**場所や地域を選ばずに会議や仕事ができる**ようにもなってきました。このように、情報ネットワークの活用が、仕事の効率化を進めるとともに、創造的な仕事に専念できる余裕も生み出しています。次にあげるのはその一例です。

- パソコンによる文書管理や名簿管理によるペーパーレス化
- メールを使った社内での情報共有
- **テレビ電話**による会議やミーティング
- 在宅での**テレワーク**

情報処理技術の発達により、企業活動が大きく変化してきているね

（2）情報とニューメディア

　情報を伝達する手段のことを**メディア（媒体）**と呼びます。手紙やはがきなどは受け取る人が限定されているため、**パーソナルメディア**といいます。一方、新聞や雑誌などのように不特定多数の人に情報を提供するもののことをマスメディアといって、パーソナルメディアと区別しています。

　また、最近は光通信（光ファイバーを利用）や、衛星放送などの導入が積極的に行われるようになっていますが、これらを**ニューメディア**と呼んで、それまでのメディアと区別しています。

5. コンピュータとニューメディアに関する用語

★ 覚えておきたいコンピュータとニューメディアの用語

用語	意味
ハードウェア	コンピュータ本体や周辺機器のこと
ソフトウェア	コンピュータ上で動かすプログラムのこと
データベース	情報を必要に応じてすぐに引き出せるように、コンピュータに蓄積したデータのこと
コンテンツ	Webサイト、CD-ROM、DVDなどの媒体で視聴できる文章、静止画、動画、音楽、音声などの情報。本来は、「内容」「目次」という意味
IT (Information Technology)	コンピュータやデータ通信に関する技術の総称
オンラインシステム	離れた場所にあるコンピュータを通信回線でつないで、データのやりとりができるシステム。銀行や、交通機関の窓口などでもオンライン化が進んでいる
インターネット	世界のコンピュータをつないだ情報ネットワーク。ビジネス、娯楽、情報交換の場として幅広く使われている
プロバイダー	サーバーや回線、メールアドレスなど、インターネットへの接続サービスを提供する業者
LAN（ローカルエリアネットワーク／ Local Area Network）	会社内や同じ建物の中など、限られた範囲内のネットワーク
ブロードバンド	広い帯域（周波数の幅）を利用した高速のインターネット接続を指す。ＡＤＳＬ、ＣＡＴＶ、光ファイバーなどがある

マルチメディア	文字や音声、映像、画像など、複数のメディアをひとまとめに表現するメディアのこと
モバイル	携帯電話やスマートフォン、小型かつ軽量の高性能情報通信機器、コンピュータなどの情報端末を指す言葉として用いられる。「mobile」は、「可動性の」「固定されていない」などの意味の単語
CC・BCC	電子メールの機能。どちらも同一の内容を複数の人に同時に送信できる。CC（カーボンコピー／carbon copy）は、受信者にもほかの送信先がわかるが、BCC（ブラインドカーボンコピー／blind carbon copy）は受信者にほかの送信先はわからない
セキュリティー	防犯、安全の意味。近年インターネット上でもコンピュータウイルスなどのサイバー犯罪が増えているため、さまざまな対策を講じなければならない

  確認

	Question		Answer	
Q1	株式会社は公企業にあたる	A1	公企業ではなく私企業	×
Q2	人事考課とは、適切な人員の配置が行われているか、公正に人事が行われているかを考えながら管理することをいう	A2	従業員一人ひとりの業務遂行状況や能力を、一定の基準で査定することをいう	×
Q3	AIDMA（アイドマ）の法則とは、消費者が商品に興味をひかれ、購入するまでの心理過程をまとめたものをいう	A3	商品に消費者の注意をひき、購買に至るまでの流れをひとつにまとめた言葉である	○

問題 次は、用語とその説明の組み合わせである。中から不適当と思われるものを一つ選びなさい。

1	ジョブローテーション	―	配置転換のこと
2	ワークシェアリング	―	仕事を複数人で分け合い、1人あたりの作業の負担を減らすこと
3	コアタイム	―	出退勤時間を自分で選んで、1日または、1週間で所定の時間数を勤務する制度
4	ベースアップ	―	給与の基本給部分の水準を引き上げること
5	コンシューマーリサーチ	―	消費者を対象に商品の知名度、購入経験、関心度などを調査する

• 解説

① **一定期間ごとに従業員の職務を替える**ことで、従業員がさまざまな経験を積むことができるシステムです。

② **労働時間の短縮**や、**新たな雇用**にもつながります。

③ これは「**フレックスタイム**」についての内容です。コアタイムとは、フレックス制を採用している中で、**社員全員が働く時間帯**のことをいいます。

④ 略して「**ベア**」といいます。

⑤ マーケティングに関する用語です。「コンシューマー」とは**消費者**のことをいいます。

正答 **3**

企業の財務と社会常識

DAY 6

今日のポイント

▶ 会計や財務の知識を持つことで、上司の立場や仕事内容への理解を深める

▶ 社会人として覚えておきたい各種用語をピックアップして考えることができる

① 会計・財務

1. 財務の基礎知識

（1）簿記

　会社で働く人達が日々活動することで生じるお金の出し入れは、すべて**帳簿**として記録に残します。それが**簿記**と呼ばれるもので、**単式簿記**と**複式簿記**の2種類があります。

単式簿記	→	現金を基準にお金の増減を記録して、最終的にいくら残ったかを確認する方法。事業の<u>損益だけを記帳する方法</u>で、個人事業主に多く使われる
複式簿記	→	お金が増減するごとに、その内容を記録する。事業の損益に加えて、<u>財務状況（お金の増減と売上損益）から記帳する方法</u>

（2）企業会計

　企業活動にともなうすべての取引はきちんとまとめ、決められた時期に公に報告することになっています。これを**企業会計**といいますが、これはその報告対象によって**管理会計**（経理）と**財務会計**（報告）とに分かれています。

管理会計	→	企業の経営者や管理者が意思決定などをする際に必要な情報を提供することを目的として、損益や財務状態をまとめたもの
財務会計	→	企業の業績を表す財務データ（貸借対照表や損益計算書）を公開する目的で、定められたルールに従ってまとめたもの

2. 財務諸表

株式会社は１年に１度、その年にどれぐらい儲けがあったのかを計算し、それを株主に報告する義務があります。このときに**財務諸表**（決算書）が作成され、この財務諸表を材料にしながら、株主総会が開催されます。財務諸表には、**貸借対照表・損益計算書・株主資本等変動計算書**などがあります。

（1）貸借対照表（バランスシート：B/S）

決算日における会社や個人事業主の財産状態を示すもので、**資産・負債・純資産の３つのパートがあり、「資産 ＝ 負債 ＋ 純資産」の式**が成り立ちます。

借り方	貸し方
資産の部	負債の部
	純資産の部

資産は「会社が所有するお金」、負債は「いずれ返済しなければならないお金」、純資産は「自己資本（返済義務のないお金）」だよ

（2）損益計算書（プロフィット＆ロス：P/L）

会社や個人事業主が一定期間に得た財（物やサービスを売って得た売上）から、それを得るために必要だった費用（経費）を差し引いたときに、どれぐらいの利益があったかがわかります。つまり、損益計算書は、**会計年度ごとの会社や個人事業主の経営成績を表す通信簿**ともいえます。

（3）株主資本等変動計算書

純資産の変動状況を示すものです。主として、株主資本の変動事由を報告するために作成します。

さまざまな利益

- **売上総利益**＝売上高−売上原価
- **営業利益**＝売上高−売上原価−販売費および一般管理費
- **経常利益**＝営業利益＋営業外収益−営業外費用
- **税引前当期利益**＝経常利益＋特別利益−特別損失
- **当期利益**＝税引前当期利益−法人税等充当額

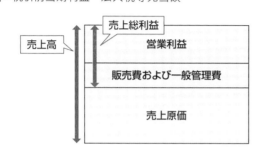

3. 会計・財務に関する用語

★覚えておきたい会計・財務の用語

用語	意味
決算	一定の期間における収入と支出の総計算
費用	人や団体が利益を稼ぎ出すために必要な金額のこと。コスト、経費
収益	物やサービスを売ることで会社が稼いだ金額のこと
資産	人や団体が所有する財産のこと。現金、貯金、土地、建物など
流動資産	短期間に現金化される資産で、支払いにあてられる。期間は1年以内
固定資産	長期にわたって企業が所有し、事業を行うために使用する財産のこと。土地や建物など、投資目的で長期間保有したりするような資産
負債	他から金銭や物資を借りること。返済すべき債務のこと
純資産	出資金や利益のこと
キャッシュフロー計算書	現金の実際の流れ（資金の増減）を明らかにした計算書。財務諸表の1つ
損益分岐点	利益も損失も生じない売上高のこと。それ以下になると、売上高よりも経費が大きくなって赤字に、それ以上になると、売上高のほうが経費よりも大きくなって黒字になる

営業外収益	営業活動以外の経常利益のこと。有価証券の売却益など
営業外費用	営業活動以外に生じる経常的な費用のこと。有価証券の売却損など
特別利益	特別に発生した大きな利益のこと。不動産など固定資産の売却益
特別損失	偶発的に生じた損失のこと。不動産などの売却損、災害損失を含む

② 税金

1. 税金の種類

会社が営業活動を通して手に入れた利益には、**消費税**、**法人税**などさまざまな税金がかかります。

税金には、**国税**と**地方税**があり、国税は国へ、地方税は住んでいる都道府県や市町村へと、それぞれ納付する先が異なります。また、**直接税**か**間接税**かによっても納付方法は異なります。

税金の種類

		直 接 税	間 接 税
個人	国税	所得税・相続税・贈与税　　　　　　　など	消費税・印紙税・酒税　　　　　　　など
	地方税	住民税・固定資産税・個人事業税　　　　　　　など	地方消費税・たばこ税　　　　　　　など
法人	国税	法人税	消費税・印紙税・酒税　　　　　　　など
	地方税	法人住民税・固定資産税・法人事業税　　　　　　　など	地方消費税・たばこ税　　　　　　　など

契約書、受取書など、税法に定められた文書を作成したときにかかる「印紙税」や、不動産、船舶、会社の登記・登録や、特許の申請・維持などのときにかかる「登録免許税」などもあるね

❸ 小切手と手形

決済方法として、現金以外に小切手や手形が使われることが多くあります。

1. 小切手

(1) 小切手とは

小切手は**現金の代わりをする有価証券 (支払委託証券)** の1つです。銀行は小切手を持ってきた人に、小切手に記入された金額を支払いますが、その取り扱いは**小切手法**で決められています。

(2) 小切手の発行から支払いまで

小切手を発行するには、銀行で当座預金口座を開設しておく必要があります。支払いまでの手順は次の通りです。

①**振出人**（小切手や手形を発行する人のこと）は小切手に金額を記入し、**受取人**（持参人ともいう。支払いを受ける人のこと）である会社に渡します。

②受取人がそれを決められた日に**支払人**（銀行など）に持参します。

③小切手と引き換えに、受取人は現金を受け取ります。

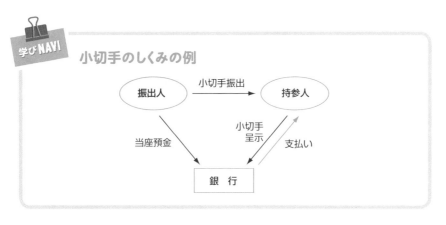

小切手のしくみの例

小切手は手形と異なり支払**期日がない**ため、すぐに現金化することができます。

（3）小切手の種類

小切手の種類には、**線引小切手**と**先日付小切手（先付小切手）**などがあります。

線引小切手	→	小切手のすみに2本の平行線、または「銀行渡り」「Bank」などの文字が入っていて、一般線引小切手と特定線引小切手がある。不正支払い防止のためにつくられた
先日付小切手（先付小切手）	→	実際の振出日より振り出す日付を先にしている小切手。小切手を振り出す時点では資金の準備はないが、何日か後には準備できる場合などに用いられる

もし小切手が盗難に遭ったとしても、
線引小切手なら不正に換金されないよ

2. 手形

手形に書き込まれた受取人に対して、振出人が**一定の時期に一定の場所で、一定の金額を支払うことが保証された有価証券**のことです。銀行が支払人より委託されて支払う形をとります。

この手形には、**振出人、受取人、金額**が書き込まれています。手形は**当座預金を開設している人が銀行から受け取る**ことができます。手形には、二者間の取り引き用の**約束手形**と三者間の取り引き用の**為替手形**の2種類があります。

約束手形	→	振出人みずからが、支払いを約束する手形
為替手形	→	振出人が支払人に対して、一定の金額を受取人（または受取人から裏書によってその手形を譲り受けた者）に支払うように委託する手形

約束手形と為替手形のしくみ

●約束手形

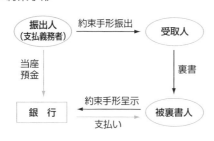

満期（手形の支払い期日）になれば、約束手形の受取人（または受取人から裏書によってその手形を譲り受けた者）は、手形上に振出人が書いた金額を、手形と引き換えに振出人から受け取ることができる

●為替手形

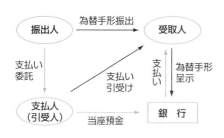

支払人は支払い委託を受けただけでは支払いの義務は生じないが、「**支払い引受け**」という行為をすると、引受人となって支払う義務を負う

3. 小切手・手形に関する用語

★ 覚えておきたい小切手・手形の用語

用語	意味
当座預金	手形や小切手の支払いに使われる預金。振出人が、支払人と支払いの委託契約をし、支払うためのお金を預けておく
裏書 (うらがき)	手形や小切手の所持人が、第三者にそれを譲渡する際、裏面の記入欄に譲渡した旨を記入・押印する
手形割引	裏書人が、手形の支払い期日前に、金融機関に支払い期日までの利息などを差し引いた金額で手形を買い取ってもらうこと
不渡手形 (ふわたり)	預金不足が理由で、支払い銀行から引き受けや支払いができないと断わられた手形のこと
有価証券	金銭的な価値を持つ証券のこと。手形や小切手のほか、商品券や株券などもある。譲渡することができる

④ 押印の種類

1. 印鑑の種類

実印	→	本人が市区町村に前もって登録してある印。この登録を「印鑑登録」という
認印 (みとめいん)	→	略式の印として使用される。印鑑登録をする必要はない
代表者印	→	地方法務局か支局・出張所に登録してある、会社の代表者の印
銀行印	→	取引銀行に口座を開設したときに、銀行に届ける印
公印 (こういん)	→	地方公共団体などの印

2. 印の意味

捨印 (すていん)	→	文書の欄外に、訂正印が必要となったときのために、あらかじめ押しておく印
割印 (わりいん)	→	契約書や収入印紙に押す印。書類が2枚以上にわたるときに、2枚にまたがるように印を押して、同一文書であることを示す
訂正印	→	文書を訂正したときに、加減字数（○○字加筆、○○字削除）を記入して押す
封印	→	封筒の封をしたところに押す印

1. 社会常識基本用語

★ 社会常識として覚えておきたい基本用語

用語	意味
国内総生産（ＧＤＰ）	国内全体で１年間に新しく生み出された商品やサービスの金額の合計。国の経済力を示す指標の１つ
景気	経済活動の状況のこと。活気がある状態を好景気、活気がない状態を不景気という
経済成長率	内閣府が計測しているＧＤＰの伸び率のことで、景気の動向を判断するための目安になる
国債	国が発行する債券（有価証券）で、国の歳入（収入）を補うために発行する
社債（事業債）	企業が発行する債券。社債を購入してもらうことで、その対価を事業資金として活用できる
融資	利息を得る目的で、銀行などの金融機関が会社や個人に対して金銭を貸し出すこと
担保	ローン（借入金）の返済が不可能となった場合に、貸し手が売却して貸付金の回収にあてられるよう、あらかじめ借り手が貸し手に提供しておく土地や建物など
不良債権	銀行などの金融機関が持つ、貸出金などの債権（金銭の支払いなどを人に請求する権利）について、通常の回収期間中に返済されなかった場合に、その債権をこう呼ぶ
円高・円安	ドルなどの外国通貨の価値に比べ、円の価値が高くなることを「円高」、低くなることを「円安」という
行政改革	行政と国民の関係を見直し、赤字がふくらんだ国家財政を改善しようとする考え方
規制緩和	ある産業や事業に対し、政府から受けている規制を縮小すること。公営の事業の民営化、貿易や市場参入に関連する規制を緩和する自由化などがある
金融緩和	景気を刺激するために中央銀行（日本銀行）がとる政策。市場に対する貨幣の供給量を増加させたり、金利を引き下げたりする
貿易収支	経済指標の１つ。一定期間における、国の輸出と輸入の差額を見る。輸出額が輸入額より多ければ「貿易黒字」といい、逆に下回れば「貿易赤字」となる
貿易摩擦	貿易国間で、輸出入の不均衡から生じる問題
知的財産	人間の知的活動の結果生まれた財産的な価値。商標、商号、特許、著作、意匠などがある。これを保有する権利を知的所有権という

2. カタカナ語

★ 覚えておきたいカナカナ語

用語	主な意味
アウトソーシング	社外から調達したり、業務の一部を外注すること
アウトプット	出力。逆はインプット（入力）
アカウント	個人情報を登録することで、インターネット上のサービスを利用できるようになる権利
アセスメント	評価
アビリティ	能力
アポイントメント	面会や会合などの約束、アポ
イノベーション	技術革新、革新
イマジネーション	想像力、想像
イニシアチブ	主導権
イレギュラー	不規則
インフォーマル	非公式、略式。逆はフォーマル（公式、正式）
インフレーション（インフレ）	物価が継続して上昇している状態。逆はデフレーション（デフレ）
インサイダー	組織の内部の人
インデックス	見出し、索引
インフラストラクチャー（インフラ）	道路、上下水道、鉄道など社会的な経済活動の基盤となるものを指す。社会資本
エキスパート	専門家
エグゼクティブ	上級管理職、重役
エコノミスト	経済学者、経済の専門家
エビデンス	根拠、証拠
オーガニゼーション	組織
オーソリティ	権威、権威者
オファー	提供、申し出、提案
オプション	自由選択（複数の選択肢の中から自由に選択できる）。選択権
オペレーション	操作、運転
ガイドライン	大まかな指針、指導目標
ギャランティ	出演料、契約料
キャリア	職歴、経歴。特権官僚
クオリティ	品質

クーリング・オフ	契約したあとで、一定期間であれば無条件で契約を再考し、契約を取りやめることができる制度
グレード	等級、階級
クレジット	信用
コピーライト	著作権
コミッション	委託手数料、委員会、歩合など
コミュニティ	共同体、地域社会
コネクション	縁故、関係、つながり、コネ
コンサルタント	経営や技術などについて、指導したり助言したりする専門家・相談役
コンセンサス	合意、意見の一致、根回し
コンタクト	接触、連絡
コンテンツ	内容、情報の中身
コンプライアンス	法令遵守（じゅんしゅ）。企業が業務を行う上で、ルールや社会規範などを守ること
サブスクリプション（サブスク）	ある商品やサービスを定額で、一定期間、利用できるサービス
サミット	主要国首脳会議。「G7」とは、日本、アメリカ、イギリス、フランス、ドイツ、イタリア、カナダの7カ国の首脳と、EUの委員長が参加して毎年開催される首脳会議
シルバービジネス	高齢者を対象とした商品やサービスを提供する事業
スキル	技能、能力
ステータス	社会的地位、身分
スポークスマン	国や団体などの、意見を発表する人
タイアップ	提携、協力
ダイジェスト	概要、要約
タイムラグ	時間差
デベロッパー	開発者、開発業者
デモンストレーション	宣伝のために実演すること
トップダウン	組織の上層部が意思決定し、下部組織にその実行を指示すること。上意下達。逆はボトムアップ（下意上達）
トライアル	試すこと、試み
トレンド	流行、傾向
ナショナルブランド	大手メーカーが全国的に展開するブランド。NB
バイオテクノロジー	生命工学
バリアフリー	障害となるものを取り除くこと、障害がないこと

用語	主な意味
ビジョン	展望、構想、未来像
ファイナンス	資金調達、財源
ファクター	要素、要因
フォーマット	書式、形式、ひな型
プライベートブランド	スーパーやデパートなどが、みずから商品を企画・生産したオリジナルブランド。ＰＢ
ブラッシュアップ	磨き上げる、さらによくする
フレキシブル	柔軟性がある、融通が利く、しなやかな
プレゼンテーション	企画や意見などを発表したり説明したりすること
プロセス	過程
プロダクト	製品
ペナルティ	罰則
ベンチャービジネス	専門性を活かし、独自性のある技術開発を目指す小企業による活動
ペンディング	保留
ポジティブ	積極的、肯定的、楽観的。逆はネガティブ（否定的）
ポテンシャル	潜在能力
ポリシー	政策、方針
マージン	販売手数料
メインバンク	ある企業の主力となる取引銀行。融資を最も多く受けている銀行
メソッド	方法、方式、体系
メンテナンス	整備、保守、点検
トレードマーク	商標、ある人を際立たせる特徴
モチベーション	動機づけ、意欲
ライフライン	生活維持システム。電気、ガス、水道など
リース	機器などの長期にわたる賃貸借契約
リコール	製品の欠陥が発覚した際、生産者がその製品を公表し、製品を回収して無料で修理すること
リスクマネジメント	危機管理。経営上、これから起こるかもしれない危機に対して、事前に立てる行動計画のこと
ルーティンワーク	日常的に行う定型業務
レセプション	歓迎会、受付
レファレンス	参照、照合、参考文献、参考図書
ロイヤリティー	著作権、商標権、特許権などの使用料

3. 略語

★ 覚えておきたい略語

用語	名称（意味）	用語	名称（意味）
AI	人工知能	労基法 (ろう き ほう)	労働基準法
APEC (エイペック)	アジア太平洋経済協力	労災 (ろうさい)	労働者災害補償保険
CEO	最高経営責任者	有休 (ゆうきゅう)	有給休暇
COO	最高執行責任者	時短 (じ たん)	時間短縮
IMF	国際通貨基金	超勤 (ちょうきん)	超過勤務
ISO	国際標準化機構	国保 (こく ほ)	国民健康保険
IT	情報技術	生保 (せい ほ)	生命保険
JIS (ジス)	日本産業規格	損保 (そん ぽ)	損害保険
M&A	企業の合併と買収	日銀 (にちぎん)	日本銀行
NGO	非政府組織	都銀 (と ぎん)	都市銀行
NPO	非営利組織	地銀 (ち ぎん)	地方銀行
ODA	政府開発援助	東証 (とうしょう)	東京証券取引所
OPEC (オペック)	石油輸出国機構	大証 (だいしょう)	大阪取引所（旧大阪証券取引所）
TPP	環太平洋戦略的経済連携協定	約手 (やくて)	約束手形
WHO	世界保健機関	外資 (がい し)	外国資本
WTO	世界貿易機関	外為 (がいため)	外国為替(かわ せ)

確認 Q A

	Question		Answer	
Q1	資産は、負債＋純資産で求められる	A1	貸借対照表には、資産、負債、純資産のパートがある	○
Q2	税金には国税と地方税がある	A2	国税は国へ、地方税は住んでいる都道府県や市町村に納付する	○
Q3	小切手はすぐに現金化できない	A3	すぐに現金化できないのは手形	×
Q4	認印も印鑑登録の必要がある	A4	印鑑登録の必要があるのは実印	×
Q5	CEOとは最高執行責任者のことである	A5	最高経営責任者のこと	×

問題 次は、会計に関する用語の説明である。中から不適当と思われるものを一つ選びなさい。

1 「貸借対照表」とは、決算日時点の企業の財産状態を示すもののことである。

2 「損益計算書」とは、企業がある一定期間に得た収益から、それを得るために必要だった費用を差し引くことで、どれぐらいの利益があったかがわかるもののことである。

3 「株主資本等変動計算書」とは、企業の純資産の変動状況を示すもののことである。

4 「損益分岐点」とは、売上高と経費が一致し、利益も損失も生じない点のことである。

5 「売上総利益」は、「売上高＋売上原価」で求められる。

●解説

① 貸借対照表は、**資産**、**負債**、**純資産**の３つのパートで構成され、「資産＝負債＋純資産」の式が成り立ちます。

② 損益計算書は、会計年度ごとの**企業の経営成績**を表す、いわば通信簿のようなものです。

③ 主として、**株主資本の変動事由**を報告するために作成します。

④ 損益分岐点**以下**になると売上高よりも経費が大きくなって**赤字**に、損益分岐点**以上**になると、経費よりも売上高が大きくなって**黒字**になります。

5 売上総利益は、「**売上高－売上原価**」で求められます。

正答 5

第 **4** 章

マナー・接遇

Contents

職場でのマナー

今日の
ポイント

▶ 周囲との調和を考えて行動できる
▶ 人との接し方や、話の聞き方・話し方の基本的なポイントを
押さえる

DAY
7

❶ 職場における人間関係

1. 人間関係を良好に保つために

さまざまな年齢、分野の人が同じ目的を達成するために集まり、仕事を行う会社では、お互いを思いやることが大切です。自分が出せる力を発揮し、みんなで力を合わせていくことによって、**スピーディーに、質が高い仕事を行う**ことができるようになります。

（1）協調性、調和を考えて行動する

「自分の仕事をきちんとこなしさえすればよい」という考え方は、オフィスでは通用しません。

● つねに周囲に気を配りながら、**周りの人達に不快感を与えない態度で仕事にのぞむ**

協調性に欠けると、仕事上の大事な情報が入ってこなくなることもあるかもニャ

（2）職場のマナーやルールを守る

遅刻をしない、あいさつをする、敬語を使って話す、というような基本的なことはもちろん、会社のルールとして決められている**就業規則**を守って行動することも、社会人には求められています。

（3）誠意を持って人と接する

相手の立場や身なりによって、言葉遣いや態度を変えてはいけません。

- オフィスで出会う人達は、社内・社外を問わず会社にとって大切な人であったり、お客様であったりします。「いらっしゃいませ」「ありがとうございます」の言葉ひとつにも**誠意を込める**

（4）相手の立場を理解する

ビジネスでは、数式のように正しい答えが1つとは限りません。

たとえば、上司から頼まれた仕事が完了したら、すみやかに報告するのは基本ですが、ほかの人と打ち合わせをしている上司に向かって、報告するのは迷惑です。

- 状況により、どう対応すべきかをつねに判断する

2. あいさつの効用

基本的なあいさつの言葉をすんなりと口にできることが、人間関係を円滑にするきっかけになります。

- 朝、人と出会ったら「**おはようございます**」と、自らすすんで声をかけるようにする
- 他部署の人がわざわざ書類を持ってきてくれたときや、お客様が訪問してくれたときなどは、「**ありがとうございます**」とお礼を言う
- 人に迷惑をかけたときなどは、「**申し訳ありません**」と謝る

学びNAVI

あいさつの基本

①**明るく元気な声で**
②相手の**顔を見て**
③笑顔で
④気分に左右されず、**さわやかに**
⑤相手に先に声をかけられた場合も、**必ずあいさつを返す**

❷ 聞き方と話し方の基礎

1. 聞き方のマナー

　上司の指示に従って仕事を進める秘書にとって、仕事を正確に処理するためにも、**人の話を聞く力を養う**ことは必須条件です。

（1）聞くときの姿勢

　上司から頼まれた仕事を社内の人に伝えたり、上司の代わりにお客様に用件を伝えたりするのも大切な業務です。話を聞くときの態度としては、次のようなことを心がけます。

● 相手の**目をやんわりと見る**（凝視しないように）
● 話の合間にタイミングよく、**相づちを打ちながら聞く**

受諾	→	「はい」 「承知いたしました」
同意	→	「そうですね」 「そのように思います」
喜び	→	「おめでとうございます」 「それはとてもよかったですね」 「それは何よりです」
誘導	→	「それで、どうなりましたか？」
転換	→	「ところで…」 「話は変わりますが…」 「それはそれといたしまして…」
否定	→	「まさか、そんなことはございません」

（2）話の聞き間違いを防止する

　上司の説明を理解していなかったり、聞き間違いをしていたらたいへんです。勝手に内容を解釈し、そのまま伝言したために仕事に支障を来せば、上司はもちろんのこと、会社にも迷惑をかけることになります。**うっかりミスは絶対に許されない**ことを肝に銘じておきましょう。

①聞き間違いが起こる原因

- 以前にしたことがある仕事であり、すでに段取りがわかっているため、相手の話を適当に聞いている
- 聞いた話の内容に**自分なりの解釈**を加えている
- 話の内容に不明、はっきりしない部分があっても、**その場で確認しない**
- 相手から聞いた話を**メモしていない**ために忘れてしまう
- 話を最後まで聞いていないため、結論を誤解している
- 感情的になって話を聞いてしまい、聞き方に客観性を欠いている

②正しい聞き方

- ほかの仕事をしていても、手を止めて話を聞く
- 相手が話をしている**真意や目的がどこにあるのか**を考えながら聞く
- **5W3H**＝いつ・どこで・だれが・何を・どうして・どのように・どのくらい・いくらを聞き漏らさずにメモをとる
- 理解できないところがあったら、**最後に確認**する
- 相手が説明している途中に、割り込んで話をしない

相手の伝えたいこと・言葉の真意をキャッチ

①相手の話に登場する**キーワード**をとらえる
　　　　↓
②どのように**結論**づけられているかを考えながら聞く
　　　　↓
③**自分の言葉に置き換えて相手に確認**する

③を行うことで、自分が**理解**できていないところがわかるね

2. 話し方のマナー

（1）話の目的を考える

オフィスで人と話をするときは、それぞれの**目的に応じた話の内容、言葉遣い、話し方を意識する**必要があります。

気持ちを伝える　　→　あいさつ・世間話で
情報を伝える　　　→　報告・説明で
意志を伝える　　　→　注意・説得で

（2）相手の理解度を意識する

専門用語や外来語などを使うことで、効率のよい会話が成立することもありますが、**みんなが知っているとは限りません。相手の理解度に応じて言葉遣いや話し方を変える**ようにします。

（3）相手を認めた話し方をする

だれかの意見に賛成できないときは、相手を認めつつ、自分の意見も聞いてもらうようにします。

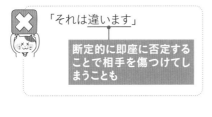
「それは違います」
断定的に即座に否定することで相手を傷つけてしまうことも

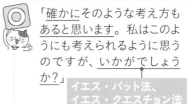
「確かにそのような考え方もあると思います。私はこのようにも考えられるように思うのですが、いかがでしょうか?」
イエス・バット法、イエス・クエスチョン法

確認

Question		Answer	
Q1	相手に先に「おはようございます」と言われたので、笑顔で会釈した	A1 会釈だけでなく、必ず「おはようございます」と返す	×
Q2	指示の内容を確認する際は、自分の言葉に置き換えて確認するようにする	A2 自分の理解できていない部分がわかる	○

問題　次は、秘書Ａが話の聞き方について心がけていることである。中から適当と思われるものを一つ選びなさい。

1　相手が話している内容をそのまま受け止め、できるだけ自分では考えないようにしている。

2　相手の話に登場するキーワードをとらえるようにしている。

3　相手の目をしっかりと見つめ、話の合間にタイミングよく、相づちを打ちながら聞くようにしている。

4　話の内容にあいまいな部分があったら、その都度確認をして、疑問点を残さないようにしている。

5　聞いた話の内容に自分なりの解釈を加え、上司に報告するようにしている。

● 解説

✘ 相手が話をしている**真意**や**目的**がどこにあるのかを**考えながら聞く**ことが大切です。

② 相手が伝えたいことを把握するためには、話に登場する**キーワード**をとらえ、どのように結論づけられているかを考えながら聞きます。

✘ 相手の目を凝視するのではなく、**やんわりと見る**ようにします。

✘ 話の内容にあいまいな部分や疑問点があったら、話の途中で確認するのではなく、**最後にまとめて確認**します。

✘ 自分なりの解釈を加えて報告すると間違いが起き、**仕事に支障を来す**ことがあります。

正答　2

聞き方・話し方の応用①

DAY 8

今日の ポイント ▶ 事実だけを伝える報告、わかりやすくポイントを押さえた説明、苦情処理など、目的に応じた話し方を身につける

① 報告のしかた

1. 報告の基本

（1）タイミングを見計らって上司に報告する

秘書が上司にきちんと報告しなければ、仕事はうまく進みません。**緊急の要件などは、上司が多忙であってもできるだけ早く伝える**必要があります。緊急でないものについては、上司の仕事がひと段落したときなどを見計らって報告します。

（2）仕事が完了したら、すぐ報告する

上司から指示された仕事についての報告は、次のように行います。

● 仕事が**完了したらすぐ報告する**
● **期日指定のある仕事**の場合、**途中で進捗^{しんちょく}を報告**する
● 指示された仕事が**遅れているときや、内容通りに進んでいないとき**ほど**早めに報告**する

2. 上手な報告のしかた

（1）正確かつ簡潔に報告を

「たぶん〜だと思います」というあいまいな表現ではなく、「○○です」「○○になります」と**言い切る形で明確に話す**のがコツです。また、**数字などを交えて話す**と**具体的でわかりやすい報告**になります。

（2）「事実をありのまま」報告する

報告は、あくまでも**事実の報告**に徹します。また、求められてもいないのに個人の感想を交える必要もありません。

(3)「大事な結論を先に」報告する

報告は、**結論→理由→経緯**の順に行います。

たとえば上司から指示された業務についての報告の場合、その業務を**完了したのか、まだできていないのかを最初に報告**します。

また、始めにアウトラインを話すと、聞き手である上司は、必要な時間を見積もることができます。

(4)「すみやかに」報告する

急いで対応しなければならない場合は、メモなどは使わず**まず口頭**で伝えます。

(5)「指示した人」に報告する

報告は、**指示した人に報告**するのが原則です。内容によっては、ほかの人に知られたくない場合もあります。**周囲の状況にも気を配りましょう。**

(6)「メモを活用」して報告する

内容が複雑なときや、日時や数量などを報告するときは、口頭だけでなく、**要点をメモ**して伝えます。箇条書きにするなど、わかりやすくする工夫も大切です。

「10分ほどお時間をいただけますか?」など、前もって所要時間を伝えておくのもいいね

❷ 説明・発表のしかた

1. 準備と心がまえ

　自分自身が内容をきちんと理解していないと、相手にうまく伝えることはできません。また、上手な説明・発表には、**聞き手が内容を理解しやすいようにわかりやすく話す**ことが必要です。

　日ごろから次のことを心がけるようにしましょう。

- 文章を読んだり、話を聞いたりするときは、**どこがポイントなのかを考える**習慣を身につける
- 話の内容について**相手にどの程度の知識があるのか**を考えて話す

2. 効果的な説明のしかた

　わかりやすい説明の流れと、より効果的に説明をするためのポイントは次の通りです。

- はじめに**内容の概略**を伝え、次にポイントとなる**重要な点**を話す。その後、**細部**について説明していく
- 専門用語は**わかりやすく言い換える**
- **時間の経過を考えて話す**
　　例）「ここ数日の経緯から説明すると…」
- 相手が**理解していること→次に知らないこと**の順に説明する
　　例）「○○はご存じかもしれませんが…」
- 重要なこと・覚えておいてほしいことを**強調して印象づける**
　　例）「ここで大事なことは…」
- 長くなるときは、**途中で相手の理解の度合いを確認**する
　　例）「ここまではご理解いただきましたでしょうか？」
- **写真、図表、実物見本**などを提示しながら説明する

3. 効果的な発表のしかた

　複数の人を相手に発表を行うにも、聞き手の心をつかむ発表のしかたにもコツがあります。

聞き手の心をつかむ発表のしかた

〈より効果的な発表をするためのポイント〉
① **ゆっくりと落ち着いた声**で話す
② **段取りよく**発表する
③ 資料などは**前もって準備**する
④ **統計**なども相手の理解を促す
　ので役立てる
⑤ 話を**熱心に聞いてくれている**
　人の目を見て話す
⑥ **大事なことは、くり返し**話す
⑦ **聞き手に質問**するなど、聞き手を巻き込みながら進める

緊張で頭が真っ白になる
のは、事前の準備不足
が大きな原因かも

❸ 苦情処理のしかた

　苦情は、**いつもこちら側に非があるとは限りません**。ときには、相手の誤解やこちらの説明不足などが怒りを招いていることもあります。

　どちらにしても、相手が気分を害していることに変わりはありませんが、上手に処理することができれば、**苦情も人間関係を深めていくよいチャンス**になります。そのためには、次の心がまえで苦情処理にあたるようにしましょう。

1. 苦情処理のしかた

（1）相手の話は最後まで聞く

相手の勘違いで苦情が発生しているとしても、**口を挟まず最後まで話を聞きます。何に対して怒りを感じているのか**をきちんと把握することが大切です。相手が**くり返し口にしたり、声を荒らげている部分**に苦情の原因が潜んでいることが多くあります。

（2）誠意ある態度で接する

苦情を聞き流すのではなく、話の内容を**きちんとメモする**ようにします。**書き留めることで、問題点も整理する**ことができます。

また、話を聞くときには、黙っていてはいけません。「**申し訳ございません**」「**はい**」「**その通りでございます**」「**○○ということでございますか？**」などと、**相づちを打ちながら聞く**ようにしましょう。

「申し訳ございません」の言葉にも気持ちを込めることが大切だニャ

（3）相手の話が終わってからこちらの状況を説明する

相手の話をすべて聞いてから、どうして問題が生じてしまったのかを**穏やかに説明**します。

相手が早合点していたり誤解があるからといって、ストレートに指摘してはいけません。**相手の立場を尊重しながら説明**します。

 先ほどのお話はお客様の誤解です。

相手の早合点や誤解をストレートに指摘

 わたくしどもに説明不足があったようで、申し訳ございません。

「説明不足があったこと」に対して、まずおわびをする

（4）相手の言い分に同意できるところは素直に認める

相手に同意できる部分は、**潔く認める素直さも必要**です。

非を認めることでまずい立場になるのではないかと、こちらに問題があるのにあいまいな返事をしたり黙っていたりすると、ますます相手の反感を買うことにもなりかねません。

（5）どんな状況でも逃げない

相手が怒鳴っているのが怖くて、話をろくに聞かずに「その件は、わたくしではわかりかねます」などと、すぐに逃げないようにします。

相手の意見に**真摯に耳を傾ける姿勢を見せる**ことで、その場の状況を改善していくことができます。

（6）自分一人で解決しようとしない

苦情の内容によっては、**上司に代わってもらって処理**したほうがよいケースもあります。あとで上司から怒られるのが嫌だからと、**隠しごとをしない**ようにしましょう。

相手の苦情の勢いがおさまらないときは

〈苦情処理の3変法を活用する〉
① **人を変える**
　　例）担当者から責任者に変わる
② **場所を変える**
　　例）周囲に人がいる場所から、個室など静かな場所へ移動する
③ **日時を変える**
　　例）おわびをしたあと、「後日改めて責任者と一緒に伺います」などと日を改める

2. 断わり方

　忙しい上司であれば、出張や来客が多く、すでに決まっている予定が新しい面談の申し込みと重なることもあります。

　このようなとき、秘書は上司の代わりに出席や面談を断わる必要があり、**相手を傷つけることなく、上手に断わる能力**が要求されます。

（1）誠意を示して最後まで話を聞く

　苦情処理と同様に、**相手が話している最中に口を挟んではいけません**。話は最後まで聞きましょう。

（2）相手の立場を尊重した言葉遣いをする

　「せっかくご連絡をいただきましたのに、申し訳ございません」「恐れ入りますが」「ご希望に沿えず、恐縮でございます」など、事情があって受けられないでいる気持ちを伝えます。

（3）あいまいな言い方はせず、明確に

　「できるかぎり努力してみます」などというあいまいな表現は避け、できないことは、はじめから**「申し訳ございません。その件に関しましてはご希望に沿いかねます」「残念ではございますが、お引き受けいたしかねます」**と、**丁寧な言葉**で**明確な意思表示**をします。

（4）先手を打つ

　相手から説得される前に、**予防線をはる**のも１つの方法です。**「わたくしどもの社内規定では」「わたくしどもの事情はお察しいただいていることと存じますが」**などと、こちらから**早めに断わる**ようにします。

(5) 代案を出す

　自分の上司が応じることができなくても、**適任者がいる場合には、その人を紹介**します。また、約束する日にちや時間などについて代案を出すことで納得してもらいます。

(6) 断わる根拠を明確にする

　ときには、**はっきりと断わる**ことも大事です。その際には**できない理由を明確に伝えます**。断わるときも、誠意を示すようにします。

断わるときに、「部長の〇〇は仕事
が立て込んでおりますので…」など
と断わる理由をひとこと加えることで、
伝わる印象はかなり変わるよ

 確認

	Question		Answer	
Q1	報告は、結論をまず伝え、その後、理由、そして経緯を伝える	A1	大事な結論を先に報告する	○
Q2	説明する際は、まずこれから話す内容の概略を話してからポイントとなる重要な点を話し、そのあとで詳細を話す	A2	ポイントが複数ある場合は、いくつあるか具体的に伝えるとよい	○
Q3	苦情処理の際は、できるだけ「申し訳ございません」は口にしない	A3	苦情処理の際は、「申し訳ございません」などの言葉に気持ちを込め、誠意ある態度を示すことが大切	×

問題　次は、秘書Ａが新人Ｂに対して指導した、苦情処理についての内容である。中から不適当と思われるものを一つ選びなさい。

1　相手が勘違いしているときでも、口を挟まずに最後まで話を聞くようにし、「どうやらお客様に誤解があるようです」ときちんと伝えるようにする。

2　苦情の内容はきちんとメモするようにする。

3　適度に相づちを打ちながら聞く。

4　相手が怒鳴っていても、真摯に耳を傾ける姿勢を見せるようにする。

5　個室などに案内することで、相手に冷静になってもらえる場合もある。

・解説

✗　相手の勘違いをストレートに指摘するのではなく、「わたくしどもに説明不足があったようで申し訳ございません」などと、**相手の立場を尊重**しながら説明します。

②　書き留めることで、**問題点を整理**することができます。

③　苦情を聞くときでも、黙って聞くのではなく、**相づちを打ち**、相手の話をきちんと聞いていることが伝わるようにします。

④　怒鳴られたからといって、「わたくしではわかりかねます」などとすぐに逃げないようにします。

⑤　「人を変える」「場所を変える」「日時を変える」は、**苦情処理の3変法**といわれます。

正答　　1

聞き方・話し方の応用②

DAY 9

今日の
ポイント

▶ 多くの人達の協力や知恵を借りるための、上手な依頼と説得の
しかたとは
▶ 注意・忠告の受け方・しかた（後輩への指導）を学ぶ

❶ 依頼・説得のしかた

依頼も説得も、あなたが話したことに対して相手がその気になって行動してくれたときに結果が出ます。

1. 依頼の目的と効果的な依頼のしかた

依頼するときは、こちら側の目的を達成するために相手に**協力してもらう**のですから、**誠実に熱意を持って相手に接する**ようにします。

「なぜ、あなたの力が必要なのか」を**わかりやすく、かつ相手の負担にならないように説明する**ようにします。

「○○してください」は依頼
ではなく、命令。
相手は仕事を押しつけられ
ている印象を受けるね

効果的な依頼のしかたは次の通りです。

（1）相手の都合や状況を考えた上でお願いする

相手が忙しそうなときは避けましょう。**タイミングが大切**です。

（2）相手が引き受けやすいような頼み方をする

「**折り入って**○○さんにお願いがあるのですが…」「**お忙しいとは存じますが、お力を貸していただきたいことがあるのですが…**」といった**相手への敬意が伝わる切り出し方**をします。

（3）相手に任せっきりにしないことを伝える

　期限などに無理がないかを尋ねて、**何か問題が生じたら自分がきちんと対応すること**を伝えます。「**何かございましたら、すぐにわたくしが対応させていただきますので…**」のように言いましょう。

（4）相手に興味を持ってもらう

　「**このようなお願いができるのは、人脈と知識がある○○さんだからでございます**」のように話します。

（5）具体的な進め方や、やり方の例を出す

　何をどのようにすればよいのか、相手に**明確**に伝わるように、**具体的に**示します。

（6）満足感を味わってもらう

　依頼した仕事がうまくいったあとは、「**○○さんのおかげですべてがうまくいきました**」「**○○さんはさすがに頼りになります**」などの言葉を添えてお礼の気持ちを伝えるようにしましょう。

2. 説得の目的と効果的な説得のしかた

　依頼をしても、相手がなかなか受けてくれないことがありますが、それには理由があるはずです。

　相手が依頼を受けるのを迷っていたり、不安に感じている場合には、その**原因を取り除く工夫**をしましょう。

依頼や説得に対して人が不安を
感じるものには、心理的不安・
物理的不安・経済的不安・能
力的不安が考えられるよ

その作業に取り組むメリットがはっきりわかるように資料やデータを用意するのも１つの手段です。

★ 説得に対して人が感じる不安と説得の際の工夫

不安の種類	不安の例	不安を取り除く工夫
心理的不安	失敗を恐れている	**どうすればその不安を軽減できるのか**を考える
物理的不安	時間や仕事が増える 束縛される	**どうすれば短時間で進めることができるのか**、そのアイデアを出す
経済的不安	金銭的な負担や被害が出ないか	資金がない、損をするかもしれないといった**お金の心配がないことを、数字を示して説明する**
能力的不安	力不足だと思っている 自信がない	相手が同じような仕事をすでに成し遂げていることを話し、**できるという自信を持ってもらう**

効果的な説得のしかたは次の通りです。

（1）タイミングを見極める

相手を説得するときには、**話すタイミング**がとても大切です。**相手の気分がよいときや、心の余裕があるとき**がチャンスです。

（2）先手を打つ

相手の態度を想定して**事前に対応をシミュレーション**しておきましょう。**あらかじめ相手の逃げ道をふさぐ**方法も、ときには効果的です。

（3）わかってくれるまでくり返す

同じことでも言い方を変えるなどして、くり返して話すことで、**相手がだんだんと理解**を示してくれることもあります。ただし、**説得と無理強いは違います**。圧力をかけるのではなく、相手が納得するように話しましょう。

（4）ワンクッション置く

自分の代わりに、**ほかの人に説得してもらう**方法です。

（5）大きな声で堂々と話す

　はきはきとした口調、大きな声、生き生きした表情、自信のある態度などによって、相手の閉ざされた心が開いてくる場合もあります。

❷ 注意・忠告の受け方、しかた

1. 注意・忠告の受け方

　仕事では、失敗したり、思い通りにいかないこともあります。それを指摘されたときに、**素直に受け止められる心**を育てましょう。

（1）注意や忠告を受けるときの心がまえ
- 叱られたり、注意されるのは、**期待の表れ**だと理解する
- 注意・忠告は、自分が**成長するために不可欠**であると考える

「 私のためにわざわざ注
　意してくれている」とプラ
　スに考えるようにしよう

素直な気持ちが、社会人
としての成長につながるよ

（2）注意や忠告の受け方

　注意を受けたら、まず「申し訳ございません」と素直にわび、**相手の注意や忠告を最後まで聞く**姿勢が大切です。その上で、次のことに気をつけましょう。

①感情的にならない
　「なぜ、注意をされたのか」、その意味を冷静に考えてみれば、だんだんと理由はわかってきます。

②責任転嫁をしない・開き直らない

失敗を人の責任にしてはいけません。また、反抗的な態度をとらないようにします。**問題の本質を考えながら**聞きましょう。

③同じ過ちをくり返さない

同じミスをくり返せば、信用を失い、話を真剣に聞いていないとみなされます。**注意を払って仕事に取り組む**ようにしましょう。

2. 注意・忠告のしかた

後輩秘書の失敗を先輩として注意するときには、感情的にならず、**考えを整理してから注意や忠告をする**ようにします。

注意・忠告のしかたのポイント

① ほかの人がいないところで、**1対1で話す**
② だれもが納得する**理由・根拠をわかりやすく伝える**
③ 人と**比較しない**
 →他人との比較は、相手の自尊心を傷つけ、自信喪失につながる
④ よい点があったらきちんと**褒める**

 確認

Question	Answer
Q1 相手を説得するためには、多少圧力をかけてよい	A1 圧力をかけるのは無理強いであり、説得とは違う ✕
Q2 後輩に注意をするときは、同様の失敗を別の人もしないよう、大勢の前で注意するようにしている	A2 注意や忠告をするときは、1対1で行う ✕

**問題　次は、秘書Aが、人に仕事を依頼する際に心がけていることである。
中から不適当と思われるものを一つ選びなさい。**

1　依頼するときは、「なぜ、あなたの力が必要なのか」ということを、誠実に熱意を持って相手に伝えるようにしている。

2　「○○してください」ではなく、「○○をお願いできますか?」という表現にする。

3　相手が忙しそうにしているときは、依頼するのを控えるようにしている。

4　期限に問題がないかをしっかりと尋ね、何かあった場合は、こちらの責任ではないことを確認しておく。

5　仕事が終わったら、「○○さんのおかげですべてがうまくいきました」などと、お礼の気持ちを伝えるようにしている。

・解説

① 人に仕事を依頼する際には、**誠実**に**熱意**を持って、**わかりやすく、かつ相手の負担にならないように**説明します。

② 「○○してください」は命令であって依頼ではありません。

③ 依頼するときは、相手の都合や状況を考えることが大切です。

④ 期限などに無理がないかを尋ねることは大切ですが、それはこちらに責任がないということを確認するためではありません。依頼の際は、**何か問題が生じたら自分がきちんと対応する**ことを伝え、仕事を引き受けてもらえるようにします。

⑤ 設問のような言葉を添えることで、仕事を終えた相手にも**満足感**を味わってもらうことができ、別の機会でも仕事を依頼しやすくなります。

正答　4

敬語と接遇の基礎

DAY 10

今日のポイント ▶会社の顔として恥ずかしくない言葉遣いと振る舞いを身につけ、相手を尊重する気持ちを表現できるようになる

① 敬語

1. 敬語の使い方

話す相手によって、**ふさわしい言葉遣い**は変わります。

敬語の使い分けを間違えると、相手に対し失礼なことになったり、不快感を与えてしまったりする場合があります。

反対に、敬語を美しく使いこなすと、**相手から信頼される**だけでなく、**会社のイメージまでも高める**ことになります。

具体的には、次のような立場の違いを意識して、敬語を使い分けることになります。

- 年齢の差（年下・同年代・年上）
- お客様と社内の人、身内とそれ以外の人
- 上司と部下、先輩と後輩
- 初対面の人、付き合いが長い人

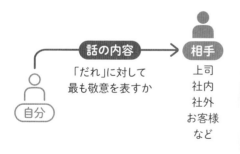

話の内容 → 相手
「だれ」に対して
最も敬意を表すか
自分
上司
社内
社外
お客様
など

敬語を使うときには、「だれのこと」を「だれに話す」のかを考えるようにしよう

上司や先輩を役職で呼ぶ場合には、相手が**社内**の人のときと、相手が**社外**の人のときとで、呼び方を変える必要があります。

例）「青木部長」「先輩社員の桜井さん」の場合
　　社内→青木部長　　　　　　社外→部長の青木
　　　　桜井さん　　　　　　　　　　桜井

2. 敬語の種類

　敬語には①**尊敬語**、②**謙譲語**（けんじょうご）、③**丁寧語**、④**美化語**があります。これらの敬語を、**相手との関係（年齢、立場）によって使い分け**ます。

★ 敬語の種類

敬語の種類	使い方	言葉の変換
尊敬語	・相手や第三者に対して、**直接**敬意を表す ・相手の動作を表すのに直接使う	①尊敬語に**言い換える** ②「**お（ご）…になる**」「**…れる**」「**…られる**」などの言葉をつけ加える
謙譲語	・相手や第三者に対して、**間接**的に敬意を表す ・自分のこと、または自分側の人（家族や同じ会社の人）のことを**へりくだって表現する**ことで相手を高める	①謙譲語に**言い換える** ②「**お（ご）…する（いたす）**」「**…させていただく**」などの言葉をつけ加える
丁寧語	**丁寧な言葉**で、その場の品位を高め、相手に敬意を表す	語尾に「**です**」「**ます**」「**ございます**」を使う
美化語	言葉そのものを**上品に言い表そう**とするときに使う	言葉のはじめに「**お**」「**ご**」をつける

（1）尊敬語・謙譲語の例

　通常の言葉を尊敬語・謙譲語に**言い換える**方法と、それぞれを表現するための言葉を**つけ加える**方法があります。

★ 尊敬語・謙譲語の例

通常の言葉	尊敬語	謙譲語
言う	おっしゃる	申す・申し上げる
行く	いらっしゃる・おいでになる	伺う・参る
来る	いらっしゃる・おいでになる・お見えになる	参る
訪れる	いらっしゃる	お邪魔する・伺う・お寄りする
する	なさる	いたす
見る	ご覧になる	拝見する
聞く	お耳に入る	伺う・拝聴する
会う	お会いになる	お目にかかる
食べる	召し上がる	いただく・頂戴する
知る	ご存じ	存じ上げる・存じる
もらう	お受け取りになる・お納めになる	いただく・頂戴する・賜わる・承る
あげる	ー	差し上げる

（2）丁寧語

　語尾に「です」「ます」「ございます」を使います。

　例）「ここは東京都千代田区**です**」

　　　「ドアが開き**ます**」
　　　「明日は、定休日で**ございます**」　など

（3）美化語

　言葉のはじめに「お」「ご」をつけます。

　例）酒→**お**酒、料理→**お**料理、本→**ご**本　など

　外来語や公共施設、自然現象には、原則として「お」「ご」はつけません。

3. 注意したい敬語

　敬語は場面に合わせて使い分け、**尊敬語と謙譲語を混同しない**よう注意します。混同して使うと、相手に**不快感**を与えてしまいかねません。

(1) 正しい使い方と間違った使い方

　例として上司に対する言葉遣いをみてみましょう。

 父がよろしくとおっしゃっていました。
父を尊敬する表現

 父がよろしくと申しておりました。
謙譲表現で上司を敬う

・「おっしゃる」は「言う」の尊敬語です。言っているのは父親ですから、上司に対しては「申しておりました」と**謙譲語**を使います。

 お土産をおいしく食べました。
敬語になっていない

 お土産をおいしくいただきました。
尊敬表現で上司を敬う

・「食べた」は通常の表現です。上司に対しては「いただいた」と**尊敬語**を使います。

 今日はどちらへ参りますか?
謙譲表現

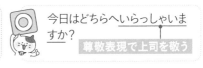 今日はどちらへいらっしゃいますか?
尊敬表現で上司を敬う

・「参る」は「行く」の謙譲語です。行くのは上司ですから、「いらっしゃる」と**尊敬語**を使います。

 先ほど申されましたのは、こちらの書類でしょうか?
謙譲表現

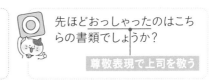 先ほどおっしゃったのはこちらの書類でしょうか?
尊敬表現で上司を敬う

・「申された」は「言った」の謙譲語です。上司に対しては、「おっしゃった」と**尊敬語**を使います。

気をつけたい言葉遣い

お客様と話す際は、上司も自分側の人間。この場合、自分の上司に対して謙譲語を使ってはいけません。

×「田中から**お伺いしたのですが**」　○「田中から**聞いております**が」

（2）二重敬語

　敬語を使おうと意識し過ぎると、**二重敬語**（1つの表現に2つの敬語を使うこと）になってしまうことがあります。

　例）「いらっしゃる」と「…れる」の2つの尊敬語が使われている

 得意先のA様が<u>いらっしゃられて</u>…

 得意先のA様が<u>いらっしゃって</u>…

　例）「お呼びになる」と「…れる」の2つの尊敬語が使われている

 お客様が<u>お呼びになられて</u>います。

 お客様が<u>お呼びになって</u>います。

（3）相手を思いやる言葉遣い

● 依頼する

　「**恐れ入りますが**…をお願いできますか（していただけませんか）？」

● 同意する　「はい、**かしこまりました**」「**承知いたしました**」

● 断わる　「**いたしかねます**」「**わかりかねます**」

● 礼を述べる　「ありがとうございます」「恐れ入ります」

❷ 接遇

1. 接遇の心がまえ

（1）つねにお客様を尊重した態度で接する

　お客様のタイプもさまざまです。言葉遣いが乱暴なお客様が来社されたときも、冷たい態度や突き放した言葉遣いで応じてはいけません。**だれに対しても好感を持たれるような丁寧な態度**で接します。

（2）笑顔で応対する

　笑顔は、場の雰囲気をパッと明るくしてくれます。初対面のお客様に対してだけにこやかに振る舞うのではなく、いつも会う相手であっても、**つねに笑顔**で応対するようにしましょう。

受付や秘書の言葉遣いで、その会社の評価が決まるよ

お客様に対する気配りが感じられる言葉遣いと態度で応対しよう

2. オフィスで使われる接遇表現の例

　接遇用語とは、お客様に対する気配りが感じられる言葉遣いのことです。心のこもった態度と言葉で応対できるようにしましょう。

わたし	→	わたくし
わたしたち	→	わたくしたち・わたくしども
だれ	→	どちらさま・どなたさま
どこ	→	どちら
あっち・こっち	→	あちら・こちら

あとで	→	のちほど
いま	→	ただいま
今日	→	本日
明日（あした）	→	明日（みょうにち）
ミス	→	不手際
用	→	ご用件
どんな	→	どのような
会社（相手方）	→	御社（おんしゃ）・そちら様
会社（自分方）	→	弊社（へいしゃ）・当社・わたくしども
男の人・女の人	→	男性の方・女性の方
…と思います	→	…と存じます
ありません	→	ございません
できません	→	いたしかねます
そうです	→	さようでございます
ちょっと待ってください	→	少しお待ちください
ごめんなさい・すみません	→	申し訳ございません
すみません	→	恐れ入ります
わかりました	→	承知いたしました
わかりません	→	わかりかねます
その通りです	→	ごもっともでございます
席にいません	→	席をはずしております
知りません	→	存じません
残念ですが	→	あいにくですが
何とかしてください	→	ご配慮願えませんでしょうか

3. 接客時の言葉遣い

　お客様の出迎えからお見送りまで、シーン別に使われる言葉をみてみましょう。

出迎える

- 「いらっしゃいませ。ごぶさたいたしております」
- 「あいにくの雨の中を恐れ入ります」

席をすすめる

- 「どうぞこちらにおかけになってお待ちくださいませ」

案内をする

- 「応接室にご案内いたします」
- 「エレベーターで3階までご案内いたします」

お客様を待たせる

- 「社内におるはずですので、捜して参ります。しばらくお待ちください」
- 「会議が長引いているようです。いましばらくお待ちいただくことはできますでしょうか？」

飲み物をすすめる

- 「飲み物をお持ちいたします。冷たいコーヒーでよろしいでしょうか？（温かい緑茶でよろしいでしょうか？）」

室温について確認する

- 「お寒くございませんか？　もう少し温度を上げたほうがよろしいですか？」

お見送りをする

- 「本日はありがとうございました。お足元にお気をつけくださいませ」

「～くださいませ」の「ませ」は丁寧語「ます」の命令形。案内誘導のときに尊敬の「ください」につける敬語表現だよ

 確認

Question	Answer
Q1　○○様がお見えになられました	A1　二重敬語。正しくは「○○　× 様がお見えになりました」
Q2　「できません」の接遇用語は「いたしかねます」	A2　同様に「わかりません」の接　○ 遇用語は「わかりかねます」

102

問題　次は、部長秘書Aが新人Bに対して指導した、上司に対する言葉遣いである。中から適当と思われるものを一つ選びなさい。

1　上司に、パーティーに出席するか尋ねるときは、
　　「パーティーには、ご出席になられますでしょうか」

2　上司が外出先から戻ったことを他部署に伝えるときは、
　　「先ほど、部長がお戻りになられました」

3　上司に書類に目を通してもらいたいときは、
　　「こちらの書類にお目通しいただけますか」

4　上司が外出中に、取引先から電話がかかってきたときは、
　　「申し訳ございません、あいにく部長の○○さんは外出しておりますが…」

5　上司に書類を見たかどうかを確認するときは、
　　「部長はこちらの書類をご覧になられましたか」

> ● 解説

✘1　「**ご〜になる**」で尊敬の表現になります。「ご出席になられますか」だと二重敬語になります。

✘2　「**お〜になる**」で尊敬の表現になります。「お戻りになられました」だと二重敬語になります。

◯3　書類などに目を通してもらいたいときは、「**〜にお目通し**」という敬語の表現を使います。

✘4　取引先など社外の人に対して上司のことを呼ぶときは、「部長の○○は」「○○は」と**名前を呼び捨てる**ようにします。

✘5　「**ご〜になる**」で尊敬の表現になります。「ご覧になられましたか」だと二重敬語になります。

正答　**3**

受付・案内・電話応対

今日のポイント

▶ 受付から応接室までの案内は、秘書の腕の見せどころ。礼儀正しく、気遣いのある行動をとる
▶ 電話では言葉遣いや、声のトーンに気をつける

❶ 受付業務

1. 受付の心がまえ

すべてのお客様が事前にアポイントメント（約束）をとって来社されるとは限りません。また、何らかの事情で、予定時間より遅れるケースもあります。あわてず、臨機応変に応対しましょう。

（1）受付担当者がいる場合

- 早く到着するお客様もいるため、受付からの連絡時にきちんと電話を受けられるよう、約束時間の少し前から**自分の席で待機**する
- 受付近くのソファーやいすにかけているお客様の姿を見つけたら、にこやかに近づき、はっきりとした声で、「**たいへんお待たせいたしました**」とおじぎをしながらあいさつをする
- 相手の名前がわかっていれば、「○○**様、たいへんお待たせいたしました**」とあいさつをする

（2）受付カウンターがあり、内線電話などを使って連絡を受ける場合

- 受付にお客様の姿が見えたら、その場で立ち上がり、一礼をし、それから受付カウンターに向かう
- アポイントメントがある場合は、事前に机の上などは必要なものだけを出しておくようにする

2. 受付の言葉遣い

来社されたすべての人に、きちんと**敬語を使って応対**しますが、マナーが身についているお客様ばかりとは限りません。ときには名前を名乗らない人もいます。

このようなときはあわてずに、**上手に接遇用語を使い、知りたいことを聞き出す**ようにします。

あいさつをする

- 「いらっしゃいませ」

名乗らないお客様

- 「恐れ入りますが、どちら様でいらっしゃいますか？」
- 「申し訳ございませんが、お名刺を頂戴できますでしょうか？」

名刺の読み方を確認する

- 「失礼ですが、こちらのお名前は**何とお読みすればよろしいでしょうか？**」
- 「失礼ですが、○○様でよろしいでしょうか？」

用件を確認する

- 「恐れ入りますが、どのようなご用件でいらっしゃいますか？」
- 「恐れ入りますが、ご予約はいただいておりますでしょうか？」
- 「恐れ入ります。だれをお呼びいたしましょうか？」

理解する（相手の依頼・要求を聞き入れる）

- 「承知いたしました」
- 「かしこまりました」

同じ「わかった」という意味でも「了解しました」は目上の人に対して使わないよ

案内する

- 「あちらのエレベーターで5階にお上がりください」
- 「この廊下の右手のいちばん奥の部屋でございます」
- 「ただいま、○○が参りますので、しばらくお待ちいただけますでしょうか？」

3. 来客の取り次ぎ （アポイントメントあり・なし）

　事前にアポイントメント（約束）があるお客様でも、突然来社された
お客様でも、**平等に接します**。

★ 来客の取り次ぎのしかた

約束の有無	さまざまなケース	対応
約束のある お客様	名刺を差し出されたとき	・名刺はおじぎをしながら、**両手で受け取る** ・会社名や相手の名前は復唱する。会社名や名前の読み方がわからない場合には、**その場で相手に尋ねる** ・受け取った名刺は、上司に引き継ぐときに渡す（このとき、相手の会社名と名前が上司から見やすい方向に向けるようにする）
	複数人のお客様が一度に来社されたとき	・**先着順に受け付け**を行う。あとから得意先の大事なお客様が来社されたとしても、待っていただく ・ほかの秘書に手伝ってもらうなどして、**待たせる時間の短縮を図る**
約束のない お客様	寄付・広告の依頼に来たとき	・**原則的には取り次ぐ必要はない** ※ただし、会社の役に立ちそうな内容であったり、判断しかねるときは、「**少し、お待ちくださいませ**」と丁寧にあいさつをして、上司に相談する
	取引先の担当者が転勤や新任のあいさつに来たとき	・**断わらずに上司の都合を尋ねる** ・上司が忙しければ、代理の人に引き継ぐ
	お客様が紹介状を持参してきたとき	・紹介者、訪問者から、事前連絡があったときは、「いらっしゃいませ。**お待ち申し上げておりました**」と、丁寧にあいさつをし、すみやかに上司に取り次ぐ

接遇のポイントは、
①誠実　②親切
③丁寧　④迅速（じんそく）
⑤正確　⑥公平

温かみのある言葉遣いで
物腰は柔らかくね
スピードも大事だけど、
復唱したりして間違えな
いようにしよう

❷ 案内と対応

1. 案内の基本 （誘導）

（1）廊下

- お客様の**斜め前**を**2、3歩先**に歩く
- **お客様は廊下の中央寄りを、案内者は端を歩く**
- 曲がり角では歩調をゆるめ、「こちらでございます」と手で示しながら声をかける

（2）階段

- 階段を使うときには、最初に「恐れ入ります。○階に参りますので、階段でお願いいたします」と声をかける
- **上るとき**はお客様が先で、**案内者は2段くらい後ろ**を歩き、**下りるときは、案内者が先**に立つ

（3）エレベーター

- **操作する人がいるとき**は、**お客様に先に乗っていただく**
- **自分で操作するとき**は、「お先に失礼いたします」と言い**先に乗る**
- **降りるとき**は、「こちらでございます」と手で示しながら声をかけて、**お客様に先に降りていただく**

2. 応接室への案内

- **手前に引くドア**のときは、ドアのノブを持って手前に引き、お客様に「どうぞ、お入りくださいませ」と手で示して声をかけ、**お客様を先に通す**

- **押して開けるドア**のときは、ドアのノブを持ち、**押しながら先に入る**。ノブを反対の手で持ち替えて、「どうぞ、お入りくださいませ」と手で示して案内する

107

3. 席への案内（席次）

　応接室に入室したお客様に、「どうぞ、こちらにおかけくださいませ」と、上座（かみざ）をすすめます。上座を判断する基準は次の通りです。

- 出入り口から遠いところ
- 窓や額がかけてあるところを背にする位置
- 外の景色が美しいときは、それが見渡せるところ

★ 場所別の席次（①が最上席）

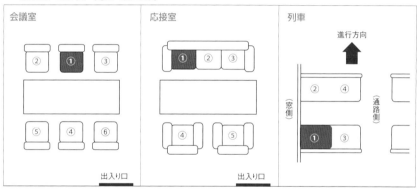

マイカーの場合や、取引先の人が会社の車を運転する場合には、運転席の隣が上座
列車や飛行機などの3人がけの席では、真ん中の席が最も下座だよ

4．対応（お茶出し、見送り）

（1）お茶を出す

- お盆は胸の高さで持つ（茶わんの絵柄は自分のほうを向ける）
- 部屋に入るときは**軽くノック**し、入室したらその場で「**失礼いたします**」とあいさつをする。名刺交換の最中やまだ席に着いていないときは、しばらく待つ
- お茶は**上座から順番**に配る。**茶わんの正面（絵柄など）がお客様に見えるように置く**（茶たくの木目はテーブルと平行に）
- 小さな声で「どうぞ」と声をかけながら、静かにテーブルに置く
- お盆を左脇（右利きの場合）にかかえて、部屋を退出する。商談の妨げにならないように、ドアの近くで「**失礼いたしました**」と軽く一礼をし、静かに外に出る

お茶出しのマナー

- 書類がテーブルの上に広がっているときは、お茶を置いてもよいのかを尋ねる
- 来客の際には、**全員がお客様と同じ茶わんを使用**するのが原則
- 運ぶとき、お盆の上では、**茶わんと茶たくは別々に。テーブルに出す前に茶たくに茶わんをのせる**
- コースターの場合、**コースターを先に置き、その上にコップを置く**

- **お菓子を出すときは、お茶より先**に配る。お客様から見て、**左側にお菓子、右側にお茶**を出す

109

（2）お客様を見送る

①エレベーターまで見送るとき

- お客様がエレベーターに乗り込むまで一緒に待ち、**エレベーターのボタンは秘書が押す**
- エレベーターにお客様が乗り込んだら、「**本日はありがとうございました**」と、ゆっくりと丁寧にあいさつをする

②玄関まで見送るとき

- 「**お忙しい中、お越しいただきありがとうございました**」「**お気をつけてお帰りくださいませ**」と、丁寧に見送る

③車まで見送るとき

- 荷物が多いようであれば、いったん預かり、お客様が車に乗り込んで落ち着いたのを確認してから、「**本日はお忙しい中、ありがとうございました**」とお礼を述べ、荷物を渡す

④自分の席で見送るとき

- その場で立ち上がり、笑顔で「**ありがとうございました。お気をつけてお帰りくださいませ**」とあいさつをする
- すぐに座らず、お客様が見えなくなるまで見送る

❸ 電話応対

1. 電話の受け方

　受話器を通して伝わる声は、会社の印象をも左右します。どんなとき
でも明るい声で話しましょう。

（1）基本的な電話の受け方

①受話器をとる

- **メモの用意**をし、ベルが**3回以上**鳴ってから出るときは、「**お待たせいたしました**」とおわびの言葉を添えて出る

②さわやかに名乗る

- 「はい、○○社でございます」と**明るくさわやかに名乗る**

③相手を確認する

- 相手が名乗らないときは、**「失礼ですが、どちらさまでしょうか？」と相手の名前を確認する**

④上司に電話を取り次ぐ

- 電話を保留にして、かけ手の会社名と名前を上司に告げる

- 上司が外出中や手が離せない状態などであれば、再び取り次ぎ者が電話に出て、「たいへんお待たせいたしました。○○はただいま、外出中（来客中）でございますので、**折り返しご連絡を差し上げるようにいたしましょうか？**」などと意向を尋ねる

⑤用件を尋ねる（上司の不在時、セールス電話など）

- 電話に出た人が用件を聞く。「○○は外出しております。**よろしければ、ご伝言をお伺いいたしますが…**」などと尋ねる

⑥受話器を置く

- 電話は**かけ手が切ってから**受話器を静かに置く

> 基本表現などを覚えておくと、気持ちに余裕が生まれて、スマートな対応ができるよね

★ 電話での基本表現

想定されるケース	基本表現
相手が名乗らないとき	「失礼ですが、どちらさまでしょうか?」 「恐れ入りますが、○○社のどちらさまでいらっしゃいますか?」
あいさつをするとき	「いつもお世話になっております」 「先日はありがとうございました」
不在のとき	「ただいま席をはずしております」
電話を取り次いでもらったとき	「たいへんお待たせいたしました」 「お電話を代わりました。○○でございます」
受けた電話に対して用件があるとき	「いただいたお電話で恐縮ですが、こちらからもよろしいでしょうか?」
電話を切るとき	「わざわざお電話をありがとうございました」 「どうぞ、よろしくお願い申し上げます」 「失礼いたします」
電話の声が聞こえにくいとき	「恐れ入りますが、お電話が少々遠いようですが…」 「申し訳ございませんが、もう一度おっしゃっていただけますか?」
別の担当者に代わるとき	「私ではわかりかねますので、担当の者に代わります。少々お待ちいただけますか?」
間違い電話がかかってきたとき	「何番におかけでしょうか?」 「私どもは○○と申します。電話番号は○○○○ですが…?」

2. 電話のかけ方

(1) 電話をかける前の準備

　電話にはいつでもつながる便利さがありますが、**朝の忙しい時間や週初めの午前中は避ける**など、**かけるタイミング**を考えましょう。また、あわてず、無駄なく、相手にも失礼のないように電話するために、事前の準備は大切です。

- **メモとペン**の用意をする
- 話をする**内容**や**順番**を決めておく
- 必要になりそうな**資料**や**データ**を用意しておく
- かけ手から尋ねられたときにすぐ伝えられるよう、**会社の電話番号、ファックス番号、メールアドレス**を手元に用意しておく

（2）基本的なかけ方

● 受話器をとり、番号に間違いのないよう発信する

● 相手が電話に出たら、「○○社の○○と申します。いつもお世話になっております。○○様はいらっしゃいますか？」と明るい声で名乗り、あいさつする

● 名指し人が電話に出たら、「○○社の○○です。いつもお世話になっております。ただいま、お時間はよろしいでしょうか？」と相手の都合を尋ねる

● 用件を具体的に話す。「実は○○の件で、2つご相談がございます。1つ目は…、2つ目は…」などと話したい用件を端的に述べる。その後、具体的な内容を切り出す

（3）電話をかけるときに役立つ言い回し

● 基本の言い回し

「朝早くから、申し訳ありません」

「お忙しいところ、申し訳ありません」

「ただいま、お話をしてもよろしいでしょうか？」

「5分ほどよろしいでしょうか？」

「お忙しいようでしたら、何時ごろにご連絡を差し上げればよろしいでしょうか？」

「こちらから改めて、お電話させていただきます」

「恐れ入りますが、伝言をお願いしてもよろしいでしょうか？」

「詳細につきましては、**担当の者より改めてご連絡差し上げます**」

「それでは○日○時にお待ちしております。ご足労をおかけしますが、よろしくお願い申し上げます」

● 話をスムーズに進めるための言い回し

・**自分の考え**を言う

「○○をしていただきたいのですが、いかがでしょうか？」

・**理由**を言う　「なぜならば…」

・**根拠**を言う　「○○だと思うからです」

3. 電話の取り次ぎ方

電話の取り次ぎが上手であれば、かけ手からも取り次がれた人からも喜ばれます。**どこの、だれから、どのような用件で**ということをふまえて、電話を取り次げば、うまく橋渡しができます。

(1) 上司に取り次ぐ

電話には　①**上司に取り次いでよいもの**、②上司の代理の者ですむもの、③営業など、**用件を尋ねて断わったほうがよいもの**があります。これを見極める能力が秘書には求められます。

(2) 上司に代わるときの注意点

- 電話の相手を待たせることになるので、できるだけ素早く取り次ぐ。近くに上司がいるときでも、**保留ボタンを押す**ようにする
- 上司に電話をつなぐときには、「○○**社の**○○**様から、**△△**の件でお電話が入っています**」と伝えれば、上司があらかじめ準備を整えることができる
- 上司が電話に出ると応じたものの、保留状態が長く続いているようであれば、電話に出て「**お待たせして申し訳ありません。ただいま、おつなぎしております。もうしばらくお待ちくださいませ**」と謝る。再度、上司に電話に出られるかどうか、確認をとる

(3) 上司が不在のとき

上司が外出していたり、会議中などですぐに電話に出られないときがあります。このようなときは、まず「○○**はあいにく外出しております（会議中でございます）。お急ぎでいらっしゃいますか？**」と至急かどうかを確認します。至急の場合、次のように応対します。

①上司が外出しているとき

上司の個人的な番号は教えず、秘書から上司に連絡をとる。「こちらで○○と連絡をとりますので、折り返しご連絡を差し上げたいと存じますが、**どちらにご連絡を差し上げればよろしいでしょうか？**」

②上司が会議中のとき

　簡単に用件を尋ねて、**上司にメモを書いて渡し**、電話に出られる
のか、折り返し連絡を入れるのか指示を受ける。

　折り返し電話することになったら、「会議中ですので、のちほど、
ご連絡を差し上げたいと存じます。どちらにご連絡を差し上げれ
ばよろしいでしょうか？」などと伝える。

折り返し電話をすることになった
ら、連絡先や相手の都合の確
認を忘れずにね

確認

	Question		Answer	
Q1	アポイントメントのないお客様のすぐあとで、アポイントメントのあるお得意様がやってきたため、アポイントメントのあるお得意様から対応した	A1	この場合はお得意様にはお待ちいただくのが正しい	×
Q2	お客様から電話があり、話をしている途中で電話が切れたため、再度かかってくるのを待った	A2	電話が切れた場合は、かけたほうからかけ直す	○
Q3	上司の外出中に至急の電話があり、頼まれたため、上司個人の電話番号を教えた	A3	個人の電話番号は教えず、秘書が上司と連絡をとる	×

問題　次は、一般的に上座と下座にあたるといわれる席である。中から不適当と思われるものを一つ選びなさい。

1　取引先の人が運転する車の場合、運転手の隣が上座、後部座席の中央が下座である。

2　飛行機で、1列に3席並んでいる席の場合、窓側が上座、通路側が下座である。

3　列車で、2人ずつ向かい合わせに座る座席の場合、進行方向を向いた座席の窓側が上座、進行方向を背にした座席の通路側が下座である。

4　タクシーでは、運転手の後ろが上座、運転手の隣の席が下座である。

5　応接室などでは、出入り口から最も遠い席が上座、出入り口から最も近い席が下座である。

解説

① 記述の通りです。

② 上座は窓側、通路側より**中央の座席**が下座です。

③ 記述の通りです。

④ 4人乗車できるタクシーの場合、後部座席の**運転手の後ろが上座**、**運転手の隣が下座**（4番目）、後部座席の左の窓際が2番目、中央が3番目となります。

⑤ 上座を判断する基準は、**出入り口から遠い席**、窓や額がかけてあるところを背にする位置、外の景色が美しいときは、それが見渡せる席などです。

正答　2

交際業務

今日の
ポイント

▶ 慶事・弔事の常識を理解し、それぞれの場面に合った秘書として
の振る舞いを身につける
▶ パーティーマナーをきちんと身につける

① 慶事

1. 慶事の種類

　パーティーなど慶事（けいじ）の準備は、秘書の仕事の中でも重要なもののひとつです。

公的なもの	→	社内…新入社員の入社式、合同成人式、会社の創立記念、新年の出社式、上場記念パーティー、受賞など
		社外…創立記念式典、新商品発表会、就任披露パーティー、祝賀行事、取引先などの社屋落成（らくせい）、昇進祝い、引越祝いなど
私的なもの	→	上司の身内の婚礼、受賞、受章、賀寿（がじゅ）など

2. 秘書の主な業務

★ 行事と秘書の主な業務

主な行事		主な業務
祝賀行事	招く場合	・関係者にお祝い品や記念品を贈るための準備 ・招待状を出して出欠をとる ・受付をする ・席の案内をする　など
	招かれる場合	・上司のスケジュール調整 ・出欠の連絡 ・ご祝儀やお祝い品の準備　など
昇進・栄転のお祝い		・取引先に対して祝電を打つ ・転勤をともなう場合などは餞別（せんべつ）を用意する　など
賀寿		・お祝いの会などに出席する ・贈り物の手配をする　など

主な行事		主な業務
受賞・受章		・お祝いを述べる ・祝電を打つ ・お祝いの品を贈る ・お祝いの会に出席する　など
結婚式	招かれる場合	・招待状の返信 ・お祝いを述べる（原稿作成の手伝い） ・上司が出席できないときは祝電を打つ ・お祝い金の手配、お祝いを贈る ・上司の代理で出席する　など

祝電を打つ場合には、授章式
などの行事に間に合うように手配
しないとね

3. 服装

　上司やほかの招待客より**目立つ服装は避けましょう**。慶事（けいじ）の服装のポイントは次の3つです。

　①礼服として適切な服装

　②秘書としての立場をわきまえる

　③出席後に**会社に戻ることも考えた服装**

また、上司に同行する場合には、次のことを心がけます。

- 和装よりも**洋装**のほうが好ましく、**スーツやワンピース**を着用

- **派手な色目を避ける**一方で、暗い印象にならないよう、胸にコサージュをつける、黒のネクタイを避けるなど、**華やかに見せる工夫**も必要

- 靴は**シンプル**なものが好ましい

4. 慶事の受付業務

受付では、お客様に対してつねに丁寧で気配りの行き届いた応対を心がけましょう。受付業務には次のようなものがあります。

（1）受付業務

お祝いの言葉を受けたら、おじぎをしながら「**ありがとうございます**」とお礼を述べます。

（2）名刺受け係

招待状、**名刺**、**のし袋**、**祝電**などは**両手を差し出し**、おじぎをしながら受け取ります。

（3）記帳係 <small>き ちょう</small>

受付名簿や金品の授受のチェックを行います。

（4）サービス係

お客様を会場へ案内したり、リボンを渡したりします。

② 弔事

1. 弔事の基礎知識

葬儀などの弔事は、前もってわかっているわけではありません。**突然の知らせにも冷静に対応できるように**しましょう。

★弔事に関する基礎知識

用語	意味
訃報 <small>ふ ほう</small>	死を伝える知らせのこと
故人	亡くなった人のこと
通夜 <small>つ や</small>	葬儀・告別式の前夜に遺族や親類、親しい友人などが故人のそばで一夜を過ごすこと。また前夜に行われる儀式

用語	意味
葬儀（そうぎ）	親族や親友など、故人と縁が深かった人が集まり、故人に別れを告げる儀式
告別式	一般会葬者が焼香し、故人に別れを告げる儀式
出棺・火葬（しゅっかん・かそう）	一般の会葬者は出棺まで見送る 火葬場には**近親者だけ**が同行する
精進落とし（しょうじん落とし）	火葬のあと、近親者や僧侶などで行う会食
喪主（もしゅ）	葬儀の執行名義人
焼香（しょうこう）	仏式の葬儀で、死者への手向けとして香を焚（た）くこと
香典（こうでん）	霊前（れいぜん）に供（そな）える金銭
供物・供花（くもつ・きょうか）	供物は霊前に供える物品のこと 供花は仏前に供える花のこと
献花	キリスト教式の葬儀で霊前に花を供えること。花を手前にして献花台に捧げ、死者に手向（たむ）ける
弔問（ちょうもん）	通夜前に遺族のもとを訪問（つや）し、お悔やみを言うこと
弔辞（ちょうじ）	告別式などで故人への悲しみを述べること
香典返し	香典を受けた返礼として贈る物
社葬	会社に功績を残したり、業務にかかわる内容で死亡した場合に、**会社が主催して行う葬儀**
本葬・密葬	本葬は、一般の会葬者が参加する葬儀 密葬は本葬の前に、家族だけでひっそりと行う葬儀。本葬を行わず、家族や親族だけで行う家族葬や親族葬を指して密葬ということも多い

2. 秘書の主な業務

（1）訃報（ふほう）の連絡を受けたら

　取引先にかかわる訃報は、上司にすぐに報告します。

確認すること
① 逝去（せいきょ）の日時と原因
② 通夜、葬儀の日時、形式（宗教）、場所
③ 喪主の氏名、住所、電話番号

（2）報告のしかた

　上司またはその代理になる人にすぐ連絡します。その後、総務に連絡を入れて状況を説明し、必要があれば上司のスケジュールを調整します。

確認すること
① 弔電を打つのか
② **供物、供花**をするのか
③ 通夜または告別式に（**だれが**）参列するのか
④ 香典の準備（金額）

3. 服装

★ 弔事のときの服装

	女性	男性
通夜	・地味な色のワンピースやスーツ	・暗めの色のスーツ ・黒のネクタイを締める
葬儀・告別式	・喪服かそれに準ずるもの ・ストッキングは黒 ・化粧は薄化粧を心がけ、真っ赤な口紅などは避ける ・ハンカチは白無地 ・真珠のネックレス（一連のみ）とイヤリングはOK。 ・靴やバッグは黒で光沢がないもの	・スーツ、靴下は黒 ・シャツは白無地 ・ネクタイは黒無地にし、ネクタイピンは外す ・靴は金具が付いていないもので、光沢のない黒 ・ハンカチは白無地

弔問や通夜は、訃報を聞いて取り急ぎ駆けつけるという意味から、平服でもかまわないよ

弔事では、不幸が重なることを連想させる「くれぐれも」や「重ね重ね」などの重ね言葉（忌み言葉）はNG。だから二連などの「重なっている」ネックレスもダメなんだね

4. 弔事のマナー

（1）受付でのあいさつ

「このたびは、ご愁傷様でございました。ご霊前にお供えください」と、受付で香典を渡すときに、静かにあいさつをします。

告別式に上司の代理で出席する場合に、記帳（受付で名前と住所を書くこと）は上司の名前を書き、下に（代）と記入します。

（2）会場でのあいさつ

遺族へは、「ご愁傷様でございます」「心からお悔やみ申し上げます」とあいさつします。喪主の状況によっては、あいさつを遠慮してもかまいません。知人とは、小声であいさつする程度で引き上げます。

（3）弔事の種類と礼拝のしかた

● 仏式

①遺族と僧侶に一礼をする

②焼香台の前に立ち、祭壇に一礼して焼香する（焼香の回数は、宗派によって異なる）

③焼香が済んだら合掌して一礼し、そのまま数歩下がる

④再び遺族に一礼して、席に戻る

● 神式

①神官から渡された**玉串**は、**右手で枝を上からつまみ、左手で下から葉を支える**

②玉串案（台）の前まで進み、胸の高さに上げて一礼する

③玉串を**右に90度回し、茎を自分のほうに向け**、右手と左手を持ち替えて、さらに**右に半回転させ、根もとを神前に向けて供える**

④その後**二礼二拍手一礼**をする。**音は立てない**（忍び手）

⑤捧げ終わったら遺族、神官に一礼して、席に戻る

● キリスト教式

①**茎が左、花が右**にくるように、係の人から花を受け取る

②花を胸もとまで引き寄せて献花台の前まで進む

③一礼し、花を手前に向けるように持ち、献花台に献じる

④遺影を見つめたあと、司祭（神父）あるいは牧師、遺族に一礼して、席に戻る

❸ 贈答・お見舞い

1. 贈り物の手配

　贈り物をするとき上司の代わりに手配をするのは秘書の仕事の１つです。**相手に誠意が伝わる品物、喜んでもらえる品物**を選びます。

選びたいもの　→　・相手がほしいと思っているもの
　　　　　　　　　・贈る人もほしいと思えるもの
　　　　　　　　　・相手がふだんから関心を持っているもの

避けたいもの　→　・縁起が悪いもの　　　・高価過ぎるもの
　　　　　　　　　・肌に直接つけるようなもの

★ 贈り物の種類と時期など

贈り物の種類	時期など
お中元	一般的に**7月初旬から7月15日**までに届くようにする（15日を過ぎてしまったときは、「暑中御見舞い」にすれば、失礼にならないが、地域によってその期間に違いがあるので注意） ※喪中であっても贈る
お歳暮	**12月初旬から12月20日ごろ**までに届くようにする。1月に入ってから贈る場合は「**御年賀**」になる ※喪中でも贈る
病気お見舞い	・**現金や商品券**を贈ることもある ・品物なら、**生ものは避ける**（病気により食べ物に制限がある場合もあるため、事前に状況を尋ねておく） ・花束を贈る場合、匂いのきつい花は避ける。切り花の本数も4、9、13本は避ける。また、生花を病室に持ち込めない場合もあるため、事前に確認する必要がある
災害お見舞い	火事や地震などの災害お見舞いは、**現金**が喜ばれることが多い。「どうぞお役立てください」などひとこと添える
結婚式	結婚するとの知らせを受け、披露宴に出席しない場合は、できるだけ早くお祝いの品物を贈る
落成式や記念式	案内状が届いたら、すぐに贈り物を届ける
葬式	・通夜に間に合うように、供花・供物（花輪や果物）などを贈る（会社名や名前を記したものを用意する） ・香典は参列する当日、持参する
賀寿	・還暦や古希などのお祝いには、現金や相手が喜びそうな愛情あふれるものを贈る

123

学びNAVI

賀寿（主なもの）

賀寿は長寿の祝いです。

還暦（60歳）	古稀（70歳）	喜寿（77歳）	傘寿（80歳）
米寿（88歳）	卒寿（90歳）	白寿（99歳）	百寿・紀寿（100歳）
上寿（100歳または120歳）		茶寿（108歳）	皇寿（111歳）

2. 贈答・お見舞いのマナー

（1）お見舞いに出かけるときに

　取引先のお客様が入院したとの連絡が入った場合、**すぐにお見舞いに行くのは避けます**。容体が落ち着いたと思われるころに、お見舞いに出かけるのがマナーです。**手術をした直後も遠慮する**ようにします。

- 家族などに連絡をとって、様子や都合を聞いてから、お見舞いの日を決める
- 病人の顔色がよさそうでも、長居は禁物。**10分ほどを目安にする**

（2）手土産を持っていくときに

　手土産は**あいさつをすませてから**、差し出します。

- お店の紙袋に入れて手土産を持参した場合は、袋から**出して渡す**。紙袋は、小さくたたんでバッグに入れるか、袋が大きい場合は、たたんでそばに置いておき、帰るときには必ず持ち帰る

（3）手土産をいただいたときに

　「ありがとうございます」とお礼を言って受け取ります。

- 冷蔵庫にしまわなければいけないもの以外は、**上座に置いておく**
- ケーキなどの場合は、それを茶菓子として出してもよい。その際、「**先ほどいただいたケーキです**」などと伝えると、上司はその場でお礼を言うことができる

3. 現金を贈るときのマナー

現金を贈る場合やその返礼をするときには、**のし袋**を使います。のし袋は、**市販の祝儀袋（しゅうぎ）、不祝儀袋（ぶしゅうぎ）を使う**ことがほとんどです。基本的なルールを覚えておきましょう。

（1）水引の種類

水引は、のし袋に巻いて結んだ飾りひもで、用途によって結び方や色が異なります。

①水引の種類

● 結び切り

　一度だけがよいこと（結婚祝い、快気祝い、香典など）の場合。引っ張っても**ほどけない結び方**

● 蝶結び（花結び）

　何度あってもよいこと（開店祝い、出産祝いなど）の場合。引くとすぐに**ほどけ**、**結び直せる**結び方

②水引の色（地域や宗派などによって異なることもあります）

● 慶事

　金銀（婚礼）、紅白

● 弔事

　黒白、双銀（銀色のみ）、黄白

お祝いごとでなければ
のしをつけないことにも
注意しようニャ

★結び切り（紅白）　★あわび結び（結び切りの一種）　★結び切り（黒白）　★蝶結び

（2）現金の包みかた

- 慶事<ruby>慶事<rt>けいじ</rt></ruby>には新札を使用する
- 不祝儀<ruby>不祝儀<rt>ぶしゅうぎ</rt></ruby>の場合は新札以外を使用する（新札の場合は折り目をつける）
- 中包みに、金額、住所、氏名を書く
- 慶事であれば濃い墨<ruby>墨<rt>すみ</rt></ruby>を、弔事<ruby>弔事<rt>ちょうじ</rt></ruby>の場合は薄墨<ruby>薄墨<rt>うすずみ</rt></ruby>で書く
- 中包みを上包みで包む。上包みは、慶事であれば上を折ってから下をかぶせる。弔事はその反対に、下を折ってから上をかぶせる

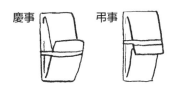

- 祝儀袋・不祝儀袋は袱紗<ruby>袱紗<rt>ふくさ</rt></ruby>に包む。色は、慶事ではえんじ色、赤色、紫色など赤系統を用い、弔事では紺色、グレー、紫色を用いる。紫色ならどちらにも使用可能。包みかたは慶事と弔事で異なる

★ 袱紗の包みかた（慶事）

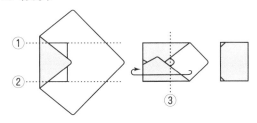

★ 袱紗の包みかた（弔事）

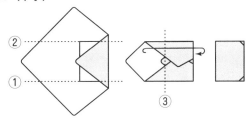

（3）上書きの用語

★ 慶事の上書き

上書き	使用する場面
御祝	結婚、結婚記念日、新築、開店、栄転、受賞、出産、入学、卒業　など
寿 (ことぶき)	結婚、結婚記念日、出産、賀寿
内祝	慶事、出産、快気祝い、新築、病気などの際のお返し

★ 弔事の上書き

上書き	使用する場面
御霊前・御仏前・御香典・御香料 (ごれいぜん・ごぶつぜん・おこうでん・ごこうりょう)	仏式の葬儀・告別式・法要
御霊前・御玉串料・御榊料 (おんたまぐしりょう・おんさかきりょう)	神式の葬儀・告別式
御霊前・御花料 (おはなりょう)	キリスト教式の葬式・追悼会・記念式
御ミサ料	カトリックの場合の葬儀
志 (こころざし)	仏式・神式の香典返し
御布施 (おふせ)	葬儀や法事でお寺や僧侶にお礼を出すとき

★ その他の上書き

上書き	使用する場面
薄謝・謝礼・寸志 (はくしゃ・すんし)	一般的なお礼（寸志は目下の人に謝礼を包むときに使う。祝儀・不祝儀の別は関係ない）
御見舞い・祈御全快	病気・怪我・入院のときのお見舞い
記念品・記念料・御餞別 (おせんべつ)	転勤や送別会のとき
粗品	行事での記念品や他家訪問のときの手土産に
御祝儀・奉納	地域の祭礼への寄付、心づけ

病気御見舞いと災害御見舞いに、水引はつけないよ

❹ パーティー・会食

1. パーティーの種類と形式

パーティーの種類は大きく分けると、**個人に関するもの、企業に関するもの**の2つがあります。また、主なパーティーの種類も覚えましょう。

個人に関する パーティー	→	誕生日、入学、成人、就職、結婚、叙勲、賀寿 など
企業に関する パーティー	→	創立記念、就任披露、新社屋落成、新事業発表会 など

★ 主なパーティーの種類

種類	時間帯、形式など
ディナーパーティー	・正式な晩餐会、夕食会 ・時間をかけてフルコースの食事をとる ・**服装は指定されるケースが多く**、それに従う
ランチョンパーティー 午餐会	・**正午から午後2時**ごろまで開かれる正式な昼食会 ・座食形式で行われる
カクテルパーティー （飲酒会）	・**夕刻から始めて1～2時間**ほどのパーティー ・ウイスキーやカクテルなどが用意される ・立食形式が中心で、軽食が用意される
ビュッフェパーティー	・**立食パーティー**ともいう ・多人数のパーティーのときによく使われる
ティーパーティー	・**午後3時**ごろから始まるパーティー ・紅茶やジュースとサンドイッチ、ケーキなどの軽食を楽しむ
レセプション	・人を招いて行う公式のパーティー、招待会、歓迎会 ・創立記念、出版記念などのパーティーを行うときにこの形式をとる

2. パーティーを主催するとき

（1）小規模のパーティーを主催するとき

あらかじめ招待客に**食べ物の好き嫌い**を聞いておきます（宗教の種類やアレルギーの有無、ベジタリアンかどうかなども確認します）。

（2）人数やパーティーの形態が決まったら

会場や料理、料金などの打ち合わせを担当者と綿密に行います。可能なら事前にランチなどを試食し、味の質、盛り付け、サービス係の応対などをチェックしておきます。内容などは、**上司に相談して決め**ます。

（3）接待する側の人選

パーティーでの接待の経験者を配置し、招待客のさまざまなニーズに対応できるようにします。

（4）パーティー前日

最終的な打ち合わせを会場の担当者と行います（電話でもよい）。
- 料理の内容、酒の種類、サービス内容について**確認する**
- 招待客によっては、事前の連絡を入れておく

（5）パーティー当日

1時間前には会場に到着して、会場チェックや準備などを行います（パーティーの規模や形態によって異なります）。
- いつ招待客が到着してもよいように、**受付で待機**する

（6）座席

座食形式の場合は、席次にはルールがあることをふまえ、**あらかじめ招待客の席を決めておき**、当日は間違えずにご案内します。
- 外の眺めがよいレストランでは、外がよく見える側の席が上座（会場の担当者に確認しておく）
- どこが上座か判断できないときは、会場の担当者に確認する
- **上座に座っている人から見て、左側が2番目、右側が3番目**となる

3．パーティーに招かれたとき

秘書は上司の代理としても、一個人としても、パーティーに出席することがあります。招待状に対する**出欠の返事はすぐに出しましょう**。

- 服装は、招待状の記載（**公式**か**非公式**か）に従い判断する。服装の指定がなければ、時間帯や会場（ホテルかレストランか）、種類や形式（ディナーパーティーか立食パーティーか）などで判断する
- 招待状で「平服で」とされている場合は、セミフォーマル（略式）ととらえる
- 周りのお客様や主催者より目立ったり、格が上にならないように気をつける

★**女性の正装**

アフタヌーンドレス ㋐	**昼間の正装**	
イブニングドレス ㋑	**夜**の正装	
カクテルドレス ㋒	夜の略式	
ワンピース、スーツ	昼の略式	
振袖、留袖	慶事の正装。未婚者は振袖、既婚者は留袖	
訪問着、付け下げ、中振袖	略式	

★**男性の正装**

モーニング ㋓	**昼間の正装**	
燕尾服 ㋔	**夜**の正装	
タキシード ㋕	夜の略式	
紋付長着と羽織袴	正装（慶弔ともに通用する）	

4. 招待されたときのマナー

　パーティーは食事よりも、人との**会話を楽しむことが目的**です。参加
している人達と心地よい交流を持てるように、周りの迷惑になるような
行動は慎みましょう。

★ パーティーでの注意点

時間厳守	・遅くても**15分前には会場に到着**する ・どうしても遅れそうな場合は、ぎりぎりの時間に連絡を入れずに、**30分前には連絡を入れる**
化粧室は着席前に	席に着いてからすぐ化粧室に行くのはNG
主催者に必ずあいさつを	立食パーティーなどでは、会場に到着して受け付けなどをすませたら、主催者に**「お招きありがとうございます」**とあいさつをする
周りの人と会話を楽しむ	自分から自己紹介をして、交流を楽しむ
いすを引きすぎない	テーブルと体の間は、**にぎりこぶしが1つ入るぐらいに**
中座するときの注意	・立食パーティーであれば、中座することが可能。**前もって早めに失礼する旨を断わっておく** ・席が決まっているときは、最後まで食事を楽しんでから帰るようにする
帰るときもあいさつを	主催者に**「本日はありがとうございました」**とあいさつをしてから帰る

 確認 Q A

	Question		Answer	
Q1	慶事の服装は、会社の顔として恥ずかしくないよう、華やかさを意識する	A1	立場をわきまえて、礼服として適切な服装をする	×
Q2	取引先の関係者の訃報が入ったが、上司と連絡がとれなかったので、そのままにしておいた	A2	上司と連絡がとれない場合は、代理になる人に連絡をとり、対応する	×
Q3	地域の秋祭りがあり、世話役の方にお祝いを包むように指示があったので、祝儀袋を用意して「寸志」とした	A3	寸志は、目下の人へ渡す場合。「御祝儀」や「御祝」がよい	×
Q4	パーティーを開催するにあたり、上司の手をわずらわせないよう、会場担当者とだけ準備をした	A4	上司に相談しながら進める	×

問題　次は、秘書Aの慶事・弔事での対応である。中から不適当と思われるものを一つ選びなさい。

1　上司の知人の出版祝賀会の受付を頼まれ、来客から「おめでとうございます」と言われたため、「ありがとうございます」と答えた。

2　上司が知人の結婚式に招かれ、電話で直接出席することを伝えている場合でも、招待状の返信はがきは出すようにしている。

3　慶事で上司に同行する際は、上司やほかの招待客より目立つことを避け、会社に戻ることまで考えた服装を心がけている。

4　訃報の連絡を受けたら、逝去の日時と原因、通夜、葬儀の日時、場所を確認するようにしている。

5　上司の代理で葬儀に出席する場合は、受付での記帳で、上司の名前の下に（代）と記入するようにしている。

• 解説

①　お祝いの言葉を受けたら、おじぎをしながら「ありがとうございます」と**お礼**を述べます。

②　招待状の**返信はがきは必ず出す**ようにします。

③　慶事での服装は、**礼服として適切なもの**、秘書としての**立場をわきまえたもの**、出席後に**会社に戻ることも考えたもの**でなければなりません。

✕　4　逝去の日時と原因、通夜、葬儀の日時、場所のほか、**形式（宗教）**も確認するようにします。

⑤　上司の名前の下に**（代）**と記し、口頭での説明などは不要です。

正答　**4**

マナー・接遇の記述対策

DAY 13

今日の
ポイント

▶ 秘書としての所作を理解し、客観的にチェックできるようにする
▶ のし袋の上書きなどは、さまざまな場合に対応できるようにする

❶ 場面ごとの正しい所作

1. 場面を見て誤ったところを指摘し正す問題・・・おじぎの場合

　おじぎにもＴＰＯがあります。ただ頭を下げればよいというわけではなく、場面や相手に合ったおじぎができるかどうかが重要です。手の位置や姿勢などに気を配った正しいおじぎができることは言うまでもありません。

　記述問題で、来客対応などのイラストを見て誤りを正すときに、おじぎのしかたが解答のポイントとなることがあります。後輩に教えるつもりで一つひとつの所作やチェックポイントを整理しておきましょう。

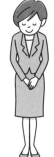

（1）おじぎの基本
● **背筋**を伸ばす（首だけ前傾するのはＮＧ）
● 手は、左手を上にして**指を伸ばして**前で**組む**
● 足をそろえて、**かかとを付けて**立つ

（2）おじぎの種類
会釈
上体を**15度**ほど曲げる。上司やお客様と廊下などですれ違うとき、入退室のときなどに行う

敬礼（普通礼）
上体を**30度**ほど曲げる。お客様の**出迎え**や**見送り**のときなどに行う

最敬礼
上体を**45度**ほど曲げる。**おわび**や**お礼**、改まった席でのあいさつのときなどに行う

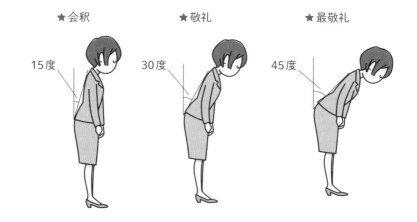

★会釈　15度　　★敬礼　30度　　★最敬礼　45度

❷ 場面ごとの正しい言葉

1. 場面に応じ適切な言葉に言い換える問題・・・電話の場合

　丁寧な言い方を心がけること、敬語を正しく使うことに加えて、場面に応じた言い換えができるようにしましょう。特に電話だと表情が見えません。あわてて、慇懃無礼にならないように気をつけましょう。

★言い換えの例

いま、○○と代わります	→	ただいま、○○と代わりますので、少しお待ちいただけますか?
すみません。○○は、本日は休みですので、明日、こちらから連絡しましょうか?	→	申し訳ありません。○○ですが、本日は休暇をとっております。明日、こちらからご連絡を差し上げるようにいたしましょうか?
○○は電話中ですので、こちらから電話しましょうか?	→	○○はただいま別の電話に出ております。のちほどこちらからご連絡差し上げるようにいたしましょうか?
伝言を聞いておきましょうか?	→	お差し支えなければ、伝言を承りましょうか?
わかりました。○○にそう伝えます	→	かしこまりました。○○にそう申し伝えます
(声が小さくて聞き取れなかったとき)少し大きな声でもう一度言ってください	→	少し電話が遠いようです。恐れ入りますが、いま一度おっしゃっていただけますか?

❸ のし袋の記名のしかた

のし袋の上書きで記名する場合、位置や順番を正しく書けるようにしましょう（①〜⑥は「御祝」の場合の例）。

①1人

水引きの**中央**に書く

②連名（3人まで）

右から年齢順または上位順
（田中部長、鈴木課長）

③②で宛名あり

左から年齢順または
上位順

④連名（4人以上）

中央に代表者。左側に「他○名」「外一同」（中包みに全員の名前を書く）。人数は漢数字で書く

⑤社名や肩書き有り

名前の**右上**に小さめに書く

⑥名刺貼付

左下に貼る
※仕事関係の略式。突然で急いでいる場合のみ

確認 Q A

Question		Answer	
Q1	敬礼（普通礼）のおじぎは上体を15度ほど曲げる	A1	敬礼（普通礼）は、30度。15度は会釈の場合 ✕
Q2	電話でお客様の声が小さかったので、「少し電話が遠いようです」と言って聞き直した	A2	「大きな声で話してほしい」などと言うのは失礼である ◯
Q3	のし袋の上書きに書く名前が4人になったため、代表者名を書き、「他三名」とした	A3	中包みには、全員の名前を書く ◯

マナー・接遇の記述対策

第4章 マナー・接遇

DAY 13

135

問題　秘書Aは、新人Bがお客様を出迎えている場を見かけ、後ほど注意しなければならないと感じた。絵を見て、どのような点について注意するか、箇条書きで五つ答えなさい。

▶ 解説 ....

・お客様を出迎えるときのおじぎは敬礼で、上体を曲げる角度は30度です。
・足をそろえ、かかとをつけて立つ。
・背筋を伸ばして立った姿勢から、猫背にならないよう上体を曲げ、頭だけが下がらないようにします。姿勢が悪いと、言葉遣いなどが正しくても、だらしない印象を与えてしまいます。
・デザインにもよりますが、基本的にはジャケットの前ボタンをきちんととめるようにします。
・おじぎをする際、手は前で左手を上にして組みます。指は握ったり開いたりせず、自然に伸ばしてそろえるようにします。

> 正答　1．おじぎの角度が浅い。
> 　　　 2．足をそろえ、かかとをつけて立つ。
> 　　　 3．背筋を伸ばす。
> 　　　 4．ジャケットのボタンをとめる。
> 　　　 5．手は、指を伸ばしてそろえ、きちんと組む。

第 **5** 章

技 能

Contents

会議①

DAY 14

今日のポイント

▶ 上司主催の会議では、秘書への期待・責任も大きい
▶ 会議が滞りなく開催され、会議の目的を達成させるため、事前の準備は怠らない

① 会議の目的と種類

1. 会議の種類

★ 形式別の会議の種類

形式	会議の内容
円卓会議	丸机（もしくは大机）を囲み、**自由に意見を出し合う。席次にはこだわらず**、20人程度までの少人数で行う
パネルディスカッション	異なる意見を持つ人（**パネリスト**）が集まり、聴衆の前で議論を交わし、聴衆からも意見や質問を受ける
シンポジウム	テーマを設けて、**専門家**が聴衆に向けて講演方式で意見を発表する。聴衆もあとで議論に参加することもある
バズセッション	少グループに分かれて話し合ってグループごとに意見をまとめ、それぞれのリーダーが意見を発表し合う
フォーラム	公開を原則として行われる討論形式の会議。質疑応答の時間を設ける場合もある
ブレーンストーミング	**アイデアの収集**を目的とし、自由な雰囲気で意見を出し合う会議

会議の日時の設定では、できるだけ日常の業務に影響が出ない日時を考えてね

定期的な会議なら、日時を決めておくと、参加予定者もほかの仕事のスケジュールを決めやすくなるよ

2. 株式会社の重要会議

株式会社において、特に重要な会議として以下のものがあります。

（1）株主総会

会社が主催し、**株主を集めて会社運営上の重要事項を話し合います。**
- **株式会社の最高機関**
- 取締役の選任・解任、定款（ていかん）の改訂、決算の認否など基本事項を決定
- 法律によって**年1回以上**開催することが義務づけられている
- **定時総会**（毎年1回）と、必要に応じて開催される**臨時総会**がある

（2）取締役会

代表取締役や取締役、監査役が出席して行われます。取締役の過半数の出席によって成立し、**過半数の賛成**によって議決します。
- **業務上の最高意思決定機関**
- 会議の内容・議決事項は記録され、法律的に効力を持つ

（3）常務会

「役員会」「重役会」とも呼ばれます。**常勤の取締役によって構成**されるのが一般的です。
- **事実上の最高業務執行機関**（法律で位置づけられてはいない）
- 会社の運営上で必要な話し合いを定期的に行う

3. 会社の用語

会議では、決まった用語が使われます。主なものは次の表の通りです。

★ 会議で使われる主な用語

用語	意味
招集	会議を開催するために、**メンバーを集めること**
議案	会議で話し合う**議題・原案**のこと、議案が多い場合には、「第一号議案」「第二号議案」などとする
定足数（ていそく）	会議を開き、議決をするのに**最小限必要な出席者数**のこと

委任状	会議に出席できないとき、**ほかの出席者に一定の事項の決定につき委任**することを書き記した文書。委任状を提出すれば出席とみなされ、定足数にカウントされる
動議	会議中に、**予定していた議案以外の議題を提出**すること。口頭で、会議中に提案することが多い
諮問	**上位機関（上位者）から下位機関（下位者）に対して意見を求める**こと
答申	上位者から諮問を受けたことについて、**下位者が返答**すること
採決	議案を可決するか、否決するか、**会議参加者の賛否の意思を確認して決定**すること。採決の方法には、挙手、起立、投票などがある
継続審議	議案の審議を、次回以降の会議に**持ち越し、審議**すること
キャスティングボート	多数決によって採決しようとして賛否同数になった場合に、**議長が投じる票**のこと
オブザーバー	正式なメンバーでないため議決の権利はないが、**参加が許されている人**

秘書は、上司の指示により、会議の案内状や議事録を作成するよ。用語はしっかり覚えよう！

❷ 会議前の業務

1. 会議での秘書の業務

上司が関係する会議が開催される場合には、秘書は、まず次の点について確認し、よく知っておく必要があります。

- どのような目的、種類の会議か
- 上司がメンバーとして招集される会議か、上司の主催する会議か
- 組織内部での会議か、外部での会議か
- 定例会議か、臨時会議か

2. 上司が招集された会議の準備

　秘書は、上司が会議に参加するまでに必要なことだけを処理します。次のような仕事があります。

① 開催日時・場所・内容の確認

② 日程調整

③ 出欠の連絡

④ 資料の手配

⑤ 会議の性格・出席者についての調査と報告

⑥ 会場までの所要時間や道順の確認

⑦ 当日の車の手配

⑧ 上司への連絡

上司が招集された会議の秘書の仕事

① 会議の連絡を受ける

② 当日の日程を確認し、上司と打ち合わせる

③ 出欠の連絡方法の指示に従って、電話・文書・返信はがきなどで会議事務局に出欠を連絡

④ 必要な資料をそろえる

⑤ 会議の性格、出席者など必要な情報を調べて上司に報告

⑥ 会場の場所を確認、道順がわかりにくい場合は地図を添付。車の場合は配車の手配、運転手への連絡

⑦ 当日、上司に出発時刻の連絡。資料を渡し、送り出す

返信はがきは、
〈表面〉
宛名の最後に書かれている「行」を二重線で消して「様」や「御中」に書き換える
〈裏面〉
「出・欠」どちらかを選択して、「ご」「芳」などこちらに向けた敬語表現をそれぞれ二重線で消す

3. 上司が主催する会議の準備

　秘書は**開催計画の立案**から携わります。上司や担当部署と打ち合わせ、次のことについて計画を立て、準備を行います。

① 参加者の選定　　　　　　　⑥ 会場の準備

② 会場の選定　　　　　　　　⑦ 会議の記録

③ 議事予定表の作成　　　　　⑧ 会議中の接待

④ 開催の通知　　　　　　　　⑨ 会議の事後処理

⑤ 必要資料の準備

★ 上司が主催する会議の注意点

会議に関する業務	注意点の例
会議開催の決定	どのような会議か／社外の会議か社内の会議か／上司の役割は／関係する部署はどこか／日程
参加者の選定	だれを招集するか／漏れている人はいないか
会場の選定	会場は適切か（会議の形態や参加人数、場所、設備）
議事進行表の作成	資料などの準備はできているか／進行順序や時間の割り振りは適切か／進行役はだれか
開催の通知	いつまでに出すか／通知方法はどうするか／通知状の内容・通知者リストに漏れはないか
必要資料の準備	資料は何部必要か／参加者に事前に送る資料はあるか／部外秘の資料の取り扱いと回収方法はどうするか
会場の準備	会場のレイアウトはどうするか／ホワイトボード・プロジェクター・マイクなどの準備はできているか
会議の記録	議事録作成の手配（ICレコーダー・カメラ・ビデオカメラなど）はできているか
会議中の接待	お茶、お菓子などの用意はどうするか／食事が必要な場合の手配はどうするか
会議の事後処理	参加者の帰りの車の手配はどうするか／費用の精算はどうするか

事前の準備が当日のスムーズな仕事につながるよ

4. 開催通知

　会議開催の通知状を出すときは、**社内の人のみを対象に行われる会議**と**社外の人も招いて行われる会議**とでは、その通知内容が次のように異なります。上司と事前に打ち合わせをして、記載事項に漏れや間違いがないようにします。

（1）社内会議の通知

　季節のあいさつを含む**前文は省略**します。

社内会議の通知は、簡潔に

必要な項目を、簡潔に書く
① 会議の**名称**
② **議題**
③ **開催日時**
④ **会場**
⑤ **連絡先**
⑥ **添付資料**がある場合はその旨
⑦ その他**注意事項**　など

（2）社外の人を招いて行われる会議の通知

　通常の**ビジネス文書の書式**にのっとって細かく書きます。

社外への通知は、細かく、丁寧に

前付・前文・主文・末文に加え、
必要事項を細かく書く
① 会議の**名称**
② **議題**（開催趣旨）
③ **開催日時**　④ **会場**
⑤ **出欠の連絡方法**と**締切日**
⑥ **主催者**と**連絡先**
⑦ **駐車場**の**有無**や**道順**
⑧ **食事**を出すときはその旨
⑨ **添付資料**がある場合はその旨
⑩ その他**注意事項**　など

❸ 会場の設営と席次

1. 会場の設営

　会場の設営は、会議の性格や形式によって異なります。

また、**議長**は出入り口から見て、最も奥まった席の中央に位置します。役員会など、席次を重んじる場合には、**奥から順に職位に従って席を配置**します。出入り口に最も近い席が末席になります。

　主な設営方法は次の通りです（数字は地位の高い人からの席次の例）。

（1）円卓型

　自由な議論を目指す場合で、**20人程度までの小会議**に適しています（円卓もしくは大机）。

（2）ロの字型・コの字型

　出席人数が多い場合には、長机をロ、コの形に配置します。

（3）V字型

　議長（リーダー）席に向かって、出席者が斜めに向き合う形の席の配置です。**前面にあるスクリーンやホワイトボードが全員から見えやすい**という利点があります。

（4）教室型（議事型）

　出席者が多い会議や、**発言者と聴衆が分かれている会議**に適しています。議長や発言者と出席者が向かい合います。

お互いに顔見知りでない人が多数参加する会議のときや、パネルディスカッションのパネラーとしてゲストを迎えるときなどは、ネームプレートを用意しよう

★円卓型

★ロの字型

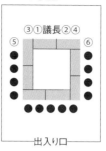

★V字型

★教室型（議事型）

確認 Q A

Question	Answer	
Q1 株式会社の最高機関は、取締役会である	A1 取締役会ではなく、株主総会である	×
Q2 社内会議の通知を作成するときは、季節のあいさつなどは必要ない	A2 社外会議の通知は、季節のあいさつを含む通常のビジネス文書の書式にのっとって作成する	○
Q3 少人数で、自由な議論を目指すときの会議の設営方法は、V字型である	A3 円卓型である	×

問題　次は、秘書Aが新人Bに対して指導した、会議の準備についての内容である。中から不適当と思われるものを一つ選びなさい。

1　会議が開催されることになったら、会議の目的、会議の種類、上司が主催するものか招集されるものかなどを確認する。

2　上司が主催する会議の場合、参加人数や使用する機材などを考慮したレイアウトを考える。

3　資料作成を上司から指示された場合、必要部数も必ず上司に確認しなければならない。

4　上司が招集された会議の場合、会議の性格や出席者についての必要な情報を調べて、事前に上司に報告する。

5　上司が主催する会議の場合、会議開催の通知状を出すときは、事前に記入漏れや間違いがないよう、打ち合わせを行う。

解説

① 設問の内容のほか、**組織内部での会議か外部での会議か、定例会議か臨時会議か**なども確認します。

② **参加人数**だけでなく、会議の進行によって使用する**機材**（ホワイトボード、プロジェクター、マイクなど）についても事前に確認し、それらを考慮した会場レイアウトとします。

③ 資料の部数は、**参加予定人数**などから、**不足のないよう準備する**こともできるので、必ずしも上司に確認する必要はありません。

④ 設問の内容のほか、**必要な資料**をそろえ、会場の**場所を確認**したり、道順がわかりにくい場合は**地図を添付**するなどします。

⑤ 社内の人のみを対象に行われる会議と社外の人も招いて行われる会議とでは、**通知内容が異なる**ため、上司との事前の打ち合わせが大切です。

正答　**3**

会議②

今日の
ポイント

▶ 会議の当日、参加者が会議に集中できるよう、秘書はさまざま
な要望に応えられるようにする

① 会議当日の業務

1. 会議開催中の業務

会議中、秘書は議論には直接関与せず、会場の管理や主催者のフォロー、出席者への気配りなど、**補佐業務に徹します**。ただし、補佐といっても、内外から多くの人が参加する会議の場では、思いもよらない事態が発生しがちで、**秘書の機転が試される場**でもあります。

上司や会議主催者・進行役などとよく打ち合わせ、ぬかりなく準備を行い、当日はとっさの事態にもあわてず冷静に対処するように心がけよう

（1）受付業務

①出欠調べ

出席予定者の名簿を用意しておき、出席予定者の出欠を確認します。

②資料配付

当日配付する資料を用意し、出席者へ配付します。また、事前配付資料についても、忘れてきた人のために**予備を用意**しておきます。

③手荷物預かり

出席者から**上着や手荷物を預かり**、**管理**します。

④出欠状況の報告

　開始時刻になったら、**出欠の状況を上司に報告**します。開始を遅らせるときには、進行係にその旨を伝えます。

定刻になっても到着しない参加者には電話連絡を。遅れて到着した参加者はすみやかに会場内に案内しようニャ

（2）会議中の電話

　会議中の電話の取り扱いについては**事前に上司と相談**し、取り決めておきます。

- 通常、会議中は議場の外で電話を受け、**出席者には秘書がメモで伝える**（小声でも口頭での伝言は避ける）

（3）会場の管理

　冷暖房や換気、照明を調整します。騒音についても対策を講じます。

（4）会議の記録

　議事録の記録係を秘書が任されることもあります。

- 記録係席に座り、出席者の発言内容や議題の進行について記録する

（5）会議中の接遇

　会議には、社内、社外の人が数多く出入りし、それぞれの立場や事情も異なります。また、会議の出席者は、会議中の会場の出入りや外部との連絡が制限されるため、**必然的に秘書への頼みごとも多くなります。**

　あらかじめ想定される事態には、上司と相談して準備を行い、滞りなく会議が進行できるようにしましょう。

当日は、以下の点にも注意しながら業務を行います。

①お茶や食事のサービス

- 通常、午前から午後にかけて長時間行われる会議のときには、**お茶のサービスを午前に1回、午後に1回行う**
- 議論が長引いた場合に、途中で**お茶を入れ替える、コーヒーに替える**といった配慮も必要

②好感を持たれる態度

- さまざまな立場の人が集まる会議の場では、**服装や立ち居振る舞い、接客サービス**について、いつも以上に気をつけ、好感を持たれる態度を心がける

③出席者には公平に接する

- 受付業務では、**立場や職位に関係なく公平に接し**、依頼されたことは、**重要・緊急なもの、依頼された順番**という原則に従って行動する

❷ 会議後の業務

1. 会議終了後の業務

（1）会議の事後処理

会議の事後処理も秘書の仕事です。会議後の秘書の仕事は具体的には次のようなものがあります。

会議中に預かった伝言を伝える

預かった衣類、手荷物などを返却する

出席者を見送る。車で帰る人には車の手配をする

忘れ物がないか点検する

使った資料や備品など会議で使ったものを回収し、借りたものを返却する

机の配置など会議場をもとの状態に戻す

冷暖房や照明を消し、窓・ドアの戸締まりを確認する

会議の開催について、手伝ってもらった人にお礼を言う

会議場の管理者に閉会を連絡する

かかった費用を精算する

欠席者に当日の資料を送付する

2. 会議の記録

会議の記録係を任されたときには、秘書は**議事録**を作成します。

会議の記録には株主総会の議決内容を記録する正式なものから、社内の定例会議などを記録する略式のものまでありますが、秘書が行うとすれば、略式の議事録の作成です。

議事録の作成

〈議事録の主な記載事項〉
① 会議名
② 開催日時・場所
③ 主催者名・議長名・司会者名
④ 出席者名・欠席者名・出席者の人数
⑤ 議題
⑥ 発言者と発言内容
⑦ それぞれの議論の経過・議決事項
⑧ 定期開催の場合は、次回予定日
⑨ 議事録作成者名

会議の記録は、ICレコーダー
などで録音するだけではなく、
念のためその場でメモもとろう。
参加人数が多いと、だれの発言
かわかりにくいからね

 確認 Q A

	Question		Answer	
Q1	会議の参加者宛てに至急の連絡が入ったため、会議中の参加者に小声で伝えた	A1	会議中の伝言はメモで行う	✕
Q2	議事録を任されたが、ICレコーダーで録音をしていたので、メモはとらずにいた	A2	ICレコーダーで録音をしている場合でも、メモをとる必要もある	✕

問題　次は、秘書Ａが上司から指示されて会議の議事録の作成を行った内容である。中から不適当と思われるものを一つ選びなさい。

1　会議当日までに資料に目を通し、参加者の名前や使いそうな用語を事前に頭に入れ、会議当日に臨んだ。

2　だれの発言かあとでわかるよう、メモをしっかりとった。

3　記録係席が用意されていたのでそこに座り、記録を行った。

4　発言内容を聞きとることができないところがあったため、会議終了後に確認した。

5　議事録の内容として、会議名、開催日時・場所、主催者名・議長名・司会者名、出席者名・欠席者名・出席者の人数のほか、議題、発言者と発言内容、それぞれの議論の経過・議決事項、次回予定日（定期開催の場合）を記載した。

・解説

① 議事録を作成する場合、録音のほか、メモもとります。**予備知識を持っておくこと**で、メモもとりやすくなります。

② 録音だけで記憶をさかのぼるのは大変です。**だれがどのような発言をしたのか**をメモしておくと、録音を聞き返すときに役立ちます。

③ **記録係席**が用意されていればその席に座ります。用意されていない場合は、**発言者の顔が見やすい席**で、目ざわりになるなど進行の邪魔にならない席に座ります。

④ **不明点は会議終了後に確認**します。会議を妨げるようなことを行ってはいけないからです。

⑤ 設問の内容のほか、最後に**議事録作成者名**が必要です。

正答　5

ビジネス文書①

今日の ポイント ▶ 秘書は、上司からの指示で書類を取り扱う機会が多い。社内文書・社外文書、ともに書き方をしっかり習得しておくこと

① 社内文書

1. 社内文書の種類

　ビジネス文書の中で、社外には出さず社内だけの連絡や報告、記録のために作成する文書を**社内文書**といいます。

　社内文書の目的には、**指令・命令、報告・届出、連絡・調整、記録・保存**のためのものなどさまざまです。主に次のようなものがあります。

稟議書	→	あることがらについて、決定権のある役職者に<u>決裁を求める</u>ための文書。回議書、起案書などとも呼ばれる
報告書	→	調査などを指示されたときや、行った業務について報告するときに作成される文書。日報や月報のように定期的に提出するものや、調査や出張をしたときに作成するものなどがある
通知文	→	会社の決定事項を知らせる文書で、社員はそれに従う
始末書	→	事故や不始末を起こしたときに、その顛末を説明してわびる文書
案内文	→	<u>社員への各種案内・連絡事項</u>を伝える文書
議事録	→	<u>会議の記録</u>をまとめた文書
企画書	→	企画の段階で、意見聴取などの目的で公にするときの文書

2. 社内文書の原則と作成

（1）社内文書の原則

　一般的に社内文書は、どのような職場でも正式な文書の書式は共通であり、**正確でだれが見てもわかりやすい書き方**が求められます。

学びNAVI　社内文書の原則

①**あいさつや丁寧な表現は省略する**
・前文、末文は不要
・敬語は最低限とし、**本題のみを簡潔に書く**

②**フォーム化**する
・日常的によく使う文書は**様式化**し、用件だけを書き込めばよいようにしておく

③文書は**横書き**で書く
・ビジネス文書は、「比較的書くスピードが速い」「英語や数値などが書きやすい」などの点から、横書きが通例

④語尾は「**です・ます／だ・である**」にする
・**です・ます体**あるいは**だ・である体**で統一する
・金額や数量など通常の数値は算用（アラビア）数字
　※固有名詞や慣習的に漢数字が使われるものは漢数字

前文、末文、頭語、結語は、社外文書で登場するよ

（2）社内文書の作成

社内文書は、大きく**前付・本文・付記**の３つから構成されます。

〈前付〉

㋐文書番号…通常、部課ごとなどに通し番号で管理されている

㋑発信日付…**年・月・日**まで書く。**元号でも西暦でも可**。「20XX．４．１」などと**略記**してもかまわない

㋒受信者名…**役職名まで**（氏名は不要）書き、最後に「**殿**（もしくは**様**）」と書く。同じ文書を複数の人に同時に発信する場合は「**各位**」（○○部各位、○○支店各位など）

㋓発信者名…文書の作成者ではなく、**その文書を出した責任者**のこと。**役職名まで**で、氏名は不要

〈本文〉

　　㋕件　　名…文書の内容を簡潔に表すタイトルを書く

　　㋖本　　文…**前文（あいさつ言葉や頭語）**や**末文（あいさつ言葉や結語）を省略**し、主文のみで伝えたいことがらを簡潔に書く

　　　　　　　　伝達事項は「**記**」と書いて主文と分割し、番号をふって、**だ・である体**で箇条書きにする

〈付記〉

　　㋗追　　伸…本文で書き足りなかったこと、**念を押したいこと**などを書く。「なお」「追伸」「付記」などで始める

　　㋘添付資料…添付資料などがある場合は、**資料名**を書く

　　㋙以　　上…書き終えたら、最終行の右端に「**以上**」と書く

　　㋚担　当　者…右下に担当者名と連絡先を書く

★ **社内文書の例**

㋐営発21-3051
㋑20XX年3月1日

㋒営業部各位

㋓営業部長

　　　　　　　㋔営業技術研修会開催のお知らせ

㋕

　下記の通り、営業部全員を対象に営業技術研修会を開催することになりましたので、お知らせします。奮ってご参加ください。

　　　　　　　　　　　　記

　　1. 日時　200XX年5月1日(月)
　　　　　　　10：00～12：00
　　2. 場所　第三会議室
　　3. 講師　赤木一郎先生（○○総合研究所）

㋗追伸　やむを得ず不参加の場合は、営業部・佐藤までご連絡ください。
㋘添付資料 当日の研修内容

　　　　　　　　　　　　　　　　㋙以上

　　　　　　　　　㋚担当／佐藤はるこ
　　　　　　　　　　TEL00-1234-5678
　　　　　　　　　　　（内線0000）
　　　　　　　　　　sato@abcd.co.jp

❷ 社外文書

1. 社外文書の種類

社外文書は、**取引・業務**に関する文書と**社交**文書に分かれます。取引・業務に関する文書には次のようなものがあります。

通知状	→	決定事項や情報を相手に伝える文書 例）会議の開催、社屋の移転のお知らせなど
案内状	→	取引先・関係者に送るさまざまな案内 例）展示会、新製品、臨時休業の案内など
依頼状	→	相手に対してお願いする文書 例）納期猶予、新規取引の依頼など
照会状	→	不明点や疑問点などについて問い合わせる文書 例）取引条件、在庫の照会など
督促状	→	催促する文書 例）納品、支払いなどの督促
見積書	→	物品の代金や、受注した業務の各工程における金額・最終的な合計金額がどのくらいになるかを事前に伝える文書
納品書	→	納められた物品に間違いがないか、確認するための文書
請求書	→	購入した物品や、受注した業務の対価を求める文書
領収書	→	支払い済みの証明として受け取る文書

2. 社外文書の原則と作成

（1）社外文書の原則

社外文書は**会社としての正式な文書**です。

学びNAVI　社外文書の原則

社内文書との大きな違い
- **儀礼を重んじる**
- **本題に入る前のあいさつ言葉**（頭語、季節のあいさつ、先方の繁栄を願う言葉など）で始まる
- **締めくくりのあいさつ文**、頭語と対になる結語で終える

（2）社外文書の作成

　社内文書と同様、社外文書も前付・本文・付記の３つで構成されます。

〈前付〉

　　㋐文書番号…正式な文書につけられる、整理番号のようなもの

　　㋑発信日付…年・月・日まで書く。曜日は不要
　　　　　　　　略記はしない（20XX．4．1など）

　　㋒受信者名…「（株）」などの省略文字は使用せず、正確な社名、肩書き、
　　　　　　　　氏名を書く。最後に「殿（もしくは様）」と書く

　　㋓発信者名…社名を明記のうえ、**受信者と発信者の職位を同格にす
　　　　　　　　る**。受信者が部長なら発信者も部長名とするなど

〈本文〉

　　㋔件　　名…文書の内容を簡潔に表すタイトルを書く

　　㋕前　　文…**本題に入る前のあいさつの言葉**であり、頭語、季節の
　　　　　　　　あいさつ、先方の繁栄を願う言葉、感謝の言葉のこと

　　㋖主　　文…その文書の**主題を記した文章**。前文と行を改め「**さて**」
　　　　　　　　など（**起こし言葉**の例）で書き始める
　　　　　　　　伝達事項は、「**下記の通り**」として**主文と分離**する

　　㋗末　　文…**文書の締めくくりのあいさつ文**を一文書き、改行し
　　　　　　　　て、右端に頭語と対になる結語を書く

　　㋘　記　　…主文で伝達事項を「**下記の通り**」とした場合、**末文の
　　　　　　　　あと**に改行し、中心に「**記**」と書き、改行して**伝達事
　　　　　　　　項をだ・である体で箇条書き**にする
　　　　　　　　箇条書きには番号をふる

〈付記〉

　　㋙追　　伸…「**なお**」などで書き始め、本文では書き足りなかっ
　　　　　　　　たこと、**念を押しておきたいこと**などを書く

　　㋚添付資料…添付資料などがある場合は、**資料名**を書く

　　㋛以　　上…書き終えたら、最終行の右端に「**以上**」と書く

　　㋜担　当　者…直接の担当者名と直通の連絡先を書く

★ 社外文書の例

㋐営発21-1001
㋑20XX年3月1日

㋒株式会社○○
企画部長
山田太郎殿

㋓△△会社営業部長
鈴木三郎

㋔新製品展示会の開催のご案内

㋕
拝啓　早春の候、貴社ますますご清栄のこととお喜び申し上げます。平素は格別のお引き立てを賜り、厚く御礼申し上げます。
㋖さて、このたび弊社では下記の通り、新製品展示会を開催させていただく運びとなりましたので、謹んでご案内申し上げます。
㋗ご多忙の折、誠に恐縮ではございますが、この機会に是非ともご来場いただけますよう、心よりお願い申し上げます。
　今後ともご愛顧のほどよろしくお願い申し上げます。

敬具

㋘記

1. 日時　20XX年4月1日（土）13：00～15：00
2. 場所　△△ホテル大会議場
3. 交通　○○線××駅下車　徒歩3分

㋙追伸　お車でお越しの場合、お早めのご来場をお願い申し上げます。
㋚添付資料　「△△ホテル周辺ご案内図」1枚

㋛以上

㋜担当／佐藤はるこ
TEL00-1234-5678
FAX00-1234-6789

（3）前文の組み立て方

〈前文の基本形〉

頭語	（例）拝啓、謹啓	
時候のあいさつ	（例）初夏の候、寒冷の候	
A（相手を表す言葉）	（例）貴社（会社）、貴殿（個人）	
B（Cを修飾する言葉）	（例）いよいよ、ますます	
C（繁栄・健康などを表す言葉）	（例）ご繁栄（会社）、ご健勝（個人）	

のこととお喜び申し上げます。

※さらに**日ごろの感謝の気持ち**（p161）を加えることもある

158

〈前文の省略形（事務的な文書の場合）〉

> 頭語＋時下＋B＋C＋のこととお喜び申し上げます。
> 　　　→時候のあいさつを「時下」とし、Aを省略
> 頭語＋B＋C＋のこととお喜び申し上げます。
> 　　　→時候のあいさつ＋Aを省略
> 頭語＋日ごろの感謝の気持ち
> 　　　→時候のあいさつ＋A＋B＋Cを省略

お悔やみを伝える文書では、頭語から始まる前文すべてを省略して、本文から始めるのがマナーだよ

「時下は」、「このごろ」とか「このせつ」という意味だね

3. 社外文書でよく使われる慣用語句

★ 敬称の書き方

宛先	敬称	例
会社・部署・官公庁などの団体宛て	御中	株式会社○○御中
役職・個人名	殿、様	株式会社○○営業部鈴木部長殿 株式会社○○営業部　部長鈴木一郎様
個人宛て	様、先生	鈴木一郎様、鈴木一郎先生
複数宛てに出す場合	各位	△△株式会社××営業部 各位

★ 頭語と結語の組み合わせ

文書の種類など	頭語	結語
一般的な文書	拝啓	敬具、敬白
返信のとき	拝復	敬具、敬白
より丁寧な表現	謹啓（きんけい）	謹白（きんぱく）、敬具、敬白
前文を省略するとき	前略、冠省（かんしょう）	草々、早々、不一（ふいつ）
急ぐとき　※前文は省略	急啓、急白	早々、不一

★ 各月の時候のあいさつの例

月	異名	時候のあいさつの例
1月	睦月 （むつき）	新春の候、初春の候、厳寒の候、大寒の候
2月	如月 （きさらぎ）	向春の候、余寒の候、立春の候、晩冬のみぎり
3月	弥生 （やよい）	浅春の候、早春の候、春分の候、春まだ浅い今日この頃
4月	卯月 （うづき）	春暖の候、桜花の候、陽春の候、若草萌える季節に
5月	皐月 （さつき）	新緑の候、薫風の候、若葉の候、晩春の候
6月	水無月 （みなづき）	初夏の候、更衣の候、麦秋の候、梅雨の候、向暑の候
7月	文月 （ふみつき）	盛夏の候、猛暑の候、炎暑の候、暑さ厳しい折
8月	葉月 （はづき）	残暑の候、晩夏の候、立秋の候、処暑の候
9月	長月 （ながつき）	新秋の候、秋涼の候、初秋の候、秋桜の候
10月	神無月 （かんなづき）	灯火親しむ候、紅葉の候、秋晴の候、清秋のみぎり
11月	霜月 （しもつき）	霜冷の候、晩秋の候、向寒の候、向寒のみぎり
12月	師走 （しわす）	寒冷の候、初冬の候、師走の候、歳末の候

★ 人（場所）を表す敬語表現の例

意味	自分側	相手側
会社	当社、弊社、小社	貴社（書き言葉）　※話し言葉では「御社」
相手	―	貴殿、貴女、皆様、○○様
場所	当地、当方面	貴地、御地
私	私、私ども、当方	○○様、ご一同様、貴方

★ 社外文書でよく使う慣用語句

意味など	慣用語
普段は	平素は
特別の	格別の、一方（ひとかた）ならぬ、特段の
ひいき	ご愛顧
残念	遺憾（いかん）
そのために（理由）	つきましては、ついては、〜につき
忙しいところ	ご多忙中、ご多忙の中
書類などを受け取って ほしい	・ご査収ください ・ご査収のほどお願い申し上げます

ぜひとも都合をつけて	万障_{ばんしょう}お繰り合わせの上
出席を依頼	ご来席（ご来臨_{らいりん}、ご臨席）賜_{たま}わりますようお願い申し上げます
面会を依頼	ご引見_{いんけん}くださいますよう
気にかけないで	ご放念ください
考え	所存
つまらないものですが受け取ってください	粗品ではございますが、ご笑納_{しょうのう}いただければ幸い（幸甚_{こうじん}）に存じます
ぜひとも	何卒_{なにとぞ}
あいさつをかねて	ご挨拶_{あいさつ}かたがた
最後になるが	末筆_{まっぴつ}ながら
簡単ですが	略儀_{りゃくぎ}ながら
日ごろの感謝の気持ち（前文に加える）	・平素は格別のご高配を賜り、厚く御礼申し上げます ・平素は一方ならぬお引き立てにあずかり、誠にありがとうございます ・日頃は特段のご配慮をいただき厚く御礼申し上げます
末文	・まずはご連絡（ご報告）申し上げます ・まずは略儀ながら、書面にてご挨拶申し上げます ・今後ともよろしくお引き立てをお願い申し上げます ・ご多忙とは存じますが、ご返事を賜りますようお願い申し上げます
末文のあとに一文加えるあいさつ	・末筆ながら貴社のますますのご発展をお祈り申し上げます ・皆様のご自愛をお祈り申し上げます ・貴社のご隆盛_{りゅうせい}をお祈り申し上げます

  確認

	Question		Answer	
Q1	社内文書でも、目上の人に出すものについては儀礼を重んじ、前文・末文をつける	A1	社内文書では、だれが見てもわかりやすく書き、前文・末文などは省略する	✕
Q2	社外文書の発信者は、受信者が別会社の社長なら、発信者側も社長とする	A2	受信者が部課長なら、発信者も部課長など、受信者と発信者の職位を同格にする	◯

問題 次は、社内文書と社外文書の種類とその説明の組み合わせである。中から不適当と思われるものを一つ選びなさい。

1 稟議書―社内文書―あることがらについて、決定権のある役職者に決裁を求めるための文書

2 始末書―社内文書―事故や不始末を起こしたときに、その顛末を説明してわびる文書

3 照会状―社外文書―不明点や疑問点などについて問い合わせる文書

4 督促状―社外文書―購入した物品や、受注した業務の対価を求める文書

5 見積書―社外文書―物品の代金や、受注した業務の各工程における金額・最終的な合計金額がどのくらいになるかを事前に伝える文書

- 解説

① **回議書**、**起案書**などとも呼ばれます。

② 記述の通りです。

③ 取引条件の確認や、在庫状況について問い合わせなどをする際の文書です。

④ これは**請求書**（社外文書）の内容です。**督促状**とは、期日までに納品されていない場合や、支払われていない場合などに催促する文書。**約束や義務を果たすように求める文書**のことです。

⑤ 見積書の金額を、後日、請求書で請求します。

正答 **4**

ビジネス文書②

今日の
ポイント

▶ ビジネスにおいて重要な社交文書や、メールについての基本知識をしっかり身につける
▶ 適切なグラフを判断・作成できるようになる

① 社交文書

1. 社交文書の種類

社交文書は、**取引先との付き合い**や、**社交・儀礼上の文書**として、業務上で頻繁にやりとりされます。主なものは次の通りです。

慶弔状 (けいちょう)	→	結婚や出産、昇進、栄転などの祝い事や、関係者や家族が亡くなったときの悔やみの文書。電報で送ることも多い
見舞い状	→	事故や災害、病気になった相手を見舞うための文書。暑中見舞い・寒中見舞いなども見舞い状の一種
招待状、案内状	→	パーティーや式典などへ招待するときの文書
あいさつ状	→	転勤、異動、転職、退職、事務所の移転などを知らせる文書
礼状	→	世話になったお礼、贈り物に対する返礼としての文書
断り状	→	取引や面談、付き合いを断わるときの文書

2. ふさわしい表現

社交文書は、基本的には**縦書き**です。大切なのは、**送るタイミングを逸しない**こと。早すぎても遅すぎてもいけません。また、特定の相手や儀礼を重んじる相手にはできるだけ**自筆**を心がけます。

社交文書では、次の3つを使いこなすことも重要です。

- **感情豊かな表現**
- より**格式の高い敬語**
- 手紙特有の**慣用句**

社交文書は、儀礼は最小限として簡潔にまとめるビジネス文書とは大きく異なるよ

社交文書の例

祝い状（結婚）
付き合いの長さを振
り返ったり、相手が喜
ぶ文面を心がける

礼状（贈り物）
いかに喜んでいるか
有意義な贈り物で
あったかを伝える

見舞状
前文を省略する。先
方を勇気づける文面
を心がける

悔み状
**頭語から始まる前文すべてを省略（結語など末文
も不要）。**故人の業績・人物を褒め、自分とのか
かわりがわかるようにし、故人の家族をいたわる
言葉を添える

見舞状や悔み状では、
儀礼的な部分を省略
するよ

3. 慶弔電報の打ち方

主な電報の打ち方は次の通りです。

- **電話**して、オペレーターに口頭で依頼する（NTT：ダイヤル「115」）
- **インターネット**で依頼する

　文字数によって料金が加算されるため、なるべく簡潔にするのが基本
です。当日配送の締め切り時間なども考慮して手配しましょう。

慶弔電報の文例

結婚
　・ご結婚を祝し、末ながく幸多かれとお祈りいたします。
　・喜び一杯幸せ一杯の今の気持ちをいつまでも。

叙勲（じょくん）
　・栄えあるご受勲、心からお祝い申し上げます。

賀寿（がじゅ）
　・還暦（かんれき）おめでとうございます。いつまでもご健康で明るくお過ごしください
　　よう、お祈りいたします。

悔やみ
　・ご逝去（せいきょ）の報に接し、心からお悔やみ申し上げます。
　・悲報に接し、悲しみにたえません。心よりご冥福をお祈りいたします。

② メールの書き方

1. メールの留意点

ビジネスでメールを利用する場合は、次のことに気をつけましょう。

★ メールを利用する際の留意点

項目	留意事項
メール全般	・ポイントを押さえ簡潔にまとめ、**結論を先に伝える** ・相手のメールアドレスが、**複数で共有している場合もある**ため、本文冒頭には必ず**宛名を記す** ・緊急の場合など、メールを送りっぱなしにしない。**内容により電話と併用する** ・**返信**はなるべく早く行う
セキュリティ	・**セキュリティ対策をしっかり行う** ・重要なファイルを添付する際は、**パスワードを設定して添付する**ようにする
添付ファイル	・添付するファイルは、特殊なソフトではなく、**一般的なソフトで作ったもの**にする ・容量オーバーによる送信エラーを防ぐ（ファイルを**圧縮**、インターネットの**大容量ファイルの送受信サービス**を利用） ・ファイルはできるだけ一度にまとめて添付する（ただし、メールの内容と違うファイルは混乱のもとになるため、メールを改める）

2. 基本のレイアウト

（1）To、CC、BCC

メールを送信するとき、受信者を入力する箇所は3カ所あります。その違いを理解して、上手に使い分けましょう。

To（宛先）　→　**メインの送信相手のアドレス**を入力する

CC　→　カーボン・コピー（Carbon Copy）の略。**関係者**や、念のため、**参考までに送る人**のアドレスを入力する

BCC　→　ブラインド・カーボン・コピー（Blind Carbon Copy）の略。ToやCCで入力した人に知られることなく、別の関係者にも同じメールを送ることができる

（2）基本のレイアウトとマナー

To（宛先）

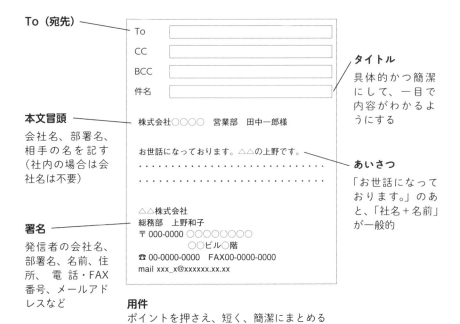

タイトル
具体的かつ簡潔
にして、一目で
内容がわかるよ
うにする

本文冒頭
会社名、部署名、
相手の名を記す
（社内の場合は会
社名は不要）

あいさつ
「お世話になって
おります。」のあ
と、「社名＋名前」
が一般的

署名
発信者の会社名、
部署名、名前、住
所、電話・FAX
番号、メールアド
レスなど

用件
ポイントを押さえ、短く、簡潔にまとめる

締めのあいさつ
「何卒よろしくお願いいたします。」「ご確認のほど、何卒よろしく
お願いいたします。」「ご検討のほど、何卒よろしくお願いいたし
ます。」など

③ メモのとり方

1. メモの種類

メモは実際の業務で多用されます。メモには次のものがあります。

覚え書きメモ　→　・名刺に記入するメモ
　　　　　　　　　会った日付、用件、容姿などの特徴を書き込む
　　　　　　　　・指示を受けたときのメモ
　　　　　　　　　要点をメモ書きにし、整理しながら話を聞く

伝言用メモ　→　本人不在時の電話や、連絡事項を伝えるときなどに使う

2. メモの留意点

　メモで重要なのは、「要点を漏らさず**正確にメモする**こと」と「あとで読んでもはっきりわかること」です。次のことを心がけましょう。

メモをとるときの注意点

①主観は入れない。**相手の言ったこと、報告すべきことを正確に書く**
②要点をつかみながら、**箇条書きにする**
③**5W3H**をチェックする
　※5W2H（「How many」を除く）とする場合もある
④仕事の指示や電話の伝言メモは、**復唱して確認する**
⑤記憶が新しいうちに、**メモを見直して補足**する

5W3Hは、DAY1
（p.14）で学習したね

④ グラフの書き方

1. グラフの種類と書き方

（1）折れ線グラフ

　時間の推移の中での数量の変化を、線の高低で表すグラフです。
　例）売上統計の月別・年別の変化、人口増減の推移　など

● **中断線**（一般的に、二重の波線）を使用し、不要な部分は省略
● グラフ線が複数の場合、**実線・点線**など線の種類を変える

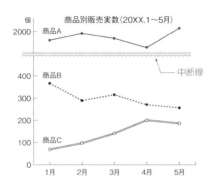

（2）棒グラフ

数量の大小の比較、一定時点での複数の要素の比較や、時間の推移の中での量の変化などを表せるグラフです。

例）営業成績の比較（個人別、月別、商品別）など

- **中断線**を書き込むことも可能
- 複数の対になる項目を同時に表す場合は、**色などで工夫する**

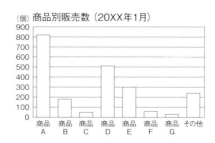

〈折れ線グラフと棒グラフ共通〉

縦軸に**数量**、横軸に**項目**や**年月**などを配置し、グラフの上部に**タイトル（表題）**を書きます。縦軸、横軸は次のことに気をつけましょう。

- 縦軸…数量の**基点**は原則「**0**」。目盛りをふり、**単位を必ず書く**
- 横軸…項目は**左から右に配列**し、適度な間隔をとって等間隔に配置し、**項目名を忘れずに書く**

（3）円グラフ

円全体360度を**100%**とし、各項目ごとの**全体に占める構成比**を、扇形の角度の違いで表すグラフです。

例）社員の世代別構成比、アンケート調査の結果　など

- 各項目の構成比を％で値を求める
- 円の中心点と頂点を結んだ**基線**を書き入れ、**値が大きいもの**から**時計回り**に区切る
- **判断材料にならない項目**は「**その他**」として**数値の大小にかかわらず最後におく**

都道府県別販売状況（20XX年）

その他 10%
北海道 5%
静岡県 9%
千葉県 11%
神奈川県 12%
東京都 27%
総額
16億2084
万円
大阪府 13%
愛知県 13%

（4）帯グラフ

　帯全体を**100%**とし、数量の全体に占める構成比を**面積の大きさ**で表すグラフです。複数並べ、構成比の時間の推移の中での変化も比較できます。

　例）年齢別売上推移　など
- 数値の大きさは帯の長さ
- 数値の大きい順に左から右に配置し、「その他」などの項目は**数値にかかわらず右端**に置く

部署別人数の割合

0	50	100

| 営業1課 34% | 営業2課 22% | 営業3課 21% | 営業4課 13% | 営業5課 10% |

（5）組み合わせグラフ（複合グラフ）

　グラフを組み合わせ、同じグラフの中で同時に別項目の数値の推移を表現したり、数値のプラスやマイナスを表すことができるグラフです。

　例）売上の推移と伸び率の変化など

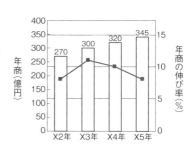

確認

	Question		Answer	
Q1	**悔み状では、頭語を含む前文すべてを省略して、本文から始める**	A1	前文のほか、末文、結語も省略する	○
Q2	**添付ファイルは第三者に見られないよう、特殊なソフトで作成する**	A2	一般的なソフトで作成する。パスワードを設定するとよい	×
Q3	**メモでは5W3Hを心がける**	A3	正しい	○
Q4	**円グラフでは、数値すべてを、大きい順から時計回りに置く**	A4	判断材料にならない数値は、数値が大きくても「その他」として最後に置く	×

問題　次は、秘書Aが後輩Cに対して行った、グラフについての指導である。中から不適当と思われるものを一つ選びなさい。

1 折れ線グラフで、下部が大きく空白になるような場合は、中断線を使用するとよい。

2 1か月間の商品別注文件数を棒グラフにしたとき、多いもので300件、少ないもので50件と差が大きい場合は、中断線を入れて見やすくするとよい。

3 チームごとの1か月の成約件数を比較する場合は、棒グラフを使用するとよい。

4 過去20年間の労働時間の推移をまとめる場合、棒グラフを使用するとよい。

5 アンケートなどの調査結果をまとめる場合は、円グラフや帯グラフを使用するとよい。

● 解説

① 折れ線グラフや棒グラフなど、グラフの中の不要な部分を省略する際は**中断線**（一般的に、二重の波線）を使用します。

② 1の解説の通りです。

③ 棒グラフは、**数量の大小の比較**、一定時点での複数の要素の比較や、時間の推移の中での量の変化などを表せるグラフです。

④ 設問のような、**時間の推移の中での数量の変化**は、線の高低で表す折れ線グラフが向いています。

⑤ 円グラフも帯グラフも、全体を**100%**とし、各項目ごとの**全体に占める構成比**を扇形の角度の違い（円グラフ）や面積の大きさ（帯グラフ）で表すので、調査結果をまとめるのに向いています。

正答　4

文書の取り扱い

今日の
ポイント

▶ 秘書が一手に引き受ける上司への郵便物の取り扱い。ルールを
しっかり覚えよう
▶ 用途により郵便手段を使い分けられるようになる

① 文書の受信・発信

1. 郵便物の取り扱い（受け取ったとき）

　上司宛ての郵便物が届いたら、開封してよいもの（**業務用文書**）と開封しないもの（**私信**など）とに分けます。

（1）開封してよいもの（業務用文書）

- 封筒から文書を取り出し、封筒を下にして**クリップでとめる**
- **重要・緊急なものから上**にする
- 開封しない文書（私信等）と一緒に、**束にして上司に渡す**

上記3つに加え、必要に応じて次のことも行います。

- 見積書や請求書など金額に関する書類は、**金額を確認**する
- 要点の**メモ書き**や、関連する**ファイルや資料**を添える
- 送った文書に対する返信の場合は、送った**文書のコピー**を添える

社用の封筒で届いたもの、あいさつ状・案内状、ダイレクトメール、明らかに私信ではないものは秘書が開封していいものと判断しよう

ダイレクトメールなど必要ないものは秘書が処分して大丈夫。上司宛てに届いても、別に担当者がいる案件は担当者に渡そう

（2）開封しないもの（私信など）

開封しないで直接上司に渡すものには次のものがあります。

私信	➡	・個人的な手紙 ・社用・公用の封筒でないもの、私信かどうか判断できない場合は私信とみなす
親展	➡	宛名の本人だけが開封するように指定された文書
書留	➡	・一般書留、現金書留、簡易書留の3種類がある ・受け取ったら、差出人、日付などを受信簿に記録する

2. 郵便物の取り扱い（送付するとき）

社外文書を発信する際には、次のことに気をつけましょう。

- 文書の内容により、**コピーをとり、保管する**
- 封をするときは**のりを使う**（テープなどは利用しない）
- 封じ目に「〆」を記入するか、封印を押す（親展などの場合）
- **切手の料金**に間違いがないようにする

封筒の宛名の書き方

- 縦型封筒の例

```
┌──┐ 1234567
│  │ 部 営 ○ 東
└──┘ 長 業 ○ 京
     部 商 都
     山   事 渋
     田   株 谷
     一   式 区
     郎   会 代
         社 々
     様      木
            ○
            丁
            目
            ○
            番
            ○
            号
┌─────────────────┐
│ 株式会社△△サービス    │
│ 〒160-000 東京都新宿区新宿○-○-○ │
│    Tel.03-XXXX-XXXX   │
│    Fax.03-XXXX-XXXX   │
└─────────────────┘
```

- 横型封筒の例

```
  東京都渋谷区代々木○丁目○番○号     ┌──┐
  ○○商事株式会社                │  │
  営業部部長 山田 一郎 様        └──┘ 1234567

  株式会社△△サービス  〒160-000 東京都新宿区新宿○-○-○
                  Tel.03-XXXX-XXXX  Fax.03-XXXX-XXXX
```

〇〇在中、親展、重要、
至急などのように、手紙
の宛先に添えて、注意を
表す言葉のことを「外脇
付」というよ

❷ 「秘」文書の取り扱い

秘書が扱う文書の中には、関係者以外には閲覧を禁止している「秘」扱い文書があります。**社内での扱い方、社外へ送る場合の扱い方**のルールを心得ておきましょう。

★ 社内での「秘」文書の取り扱い

社内での場面	取り扱いかた
使わないとき	・使うとき以外は「秘」表示が見えないようにする ・机の上に置いたままにせず、引き出しにしまうなど注意する ・**鍵のかかるキャビネット**などの整理棚や収納箱に保管する
離席するとき	・**鍵のかかる引き出しにしまっておく**
持ち歩くとき	・無地の封筒に入れ、「**秘」文書であることがわからないようにする** ※できる限り社外へは持ち出さない
複写	・**必要部数以上コピーせず、ミスコピーはシュレッダー（文書細断機）にかける** ・原稿の回収を忘れないようコピー機をチェックし、コピーが終わったらすぐに元の保管場所に戻す
貸し出し	・上司の許可を得た上で、**文書受け渡し簿に署名・捺印してもらい、貸し出す** ・文書の所在をつねに管理し、用が終わったらすぐに返却してもらう
配付	・文書に識別番号をつけ、**配付先と名前を記録する**
配達	・届ける相手に**直接手渡す**（ファックスを使わない） ・不在時は、封筒に「親展」と書いて封をし、秘書に渡す

★ 社外に送る場合の「秘」文書の取り扱い

社外へ発送	取り扱いかた
発送方法	・二重封筒にし、中の封筒には「**秘**」と書き、外側の封筒には必ず「**親展**」と書く ・**一般書留**、または**簡易書留**で出す ・発送後、「**秘」文書を送ったことを相手側に電話で伝える**（自分が「秘」文書を受け取ったときは、届いたことを相手に電話で知らせる ・文書受発信簿に、送った文書名と相手、日付を記録する

郵便物の大きさには**定形**と**定形外**があり、さらに**重量**によっても料金が変わります。通常、秘書が発送業務を行うのは、**第一種**（封書＝通常の手紙のこと）、**第二種**（はがき）です。

1. 通常郵便物の種類

★通常郵便物の種類

郵便の種類	形態・条件など	対象
第一種郵便物	封書	・定形郵便物 ・定形外郵便物 ・郵便書簡（ミニレター）
第二種郵便物	はがき	・通常はがき ・往復はがき
第三種郵便物	**第三種郵便物の承認のあることを表す文字を掲げた定期刊行物を開封で送る**場合、料金が割り引かれる	
第四種郵便物	右の郵便物で**開封したもの**は、料金が割り引かれる	・通信教育用郵便物 ・点字郵便物・特定録音物等郵便物（特定録音物等郵便物を発受することができると指定された施設であることが必要） ・植物種子等郵便物（植物種子、苗、苗木、茎もしくは根で栽植の用に供するものなどを内容とするもの） ・指定された学術刊行物郵便物

第三種（定期刊行物）、第四種（教育関係など）は特殊な郵便物。どのような種類があるかを知識として知っておこう

2. 特殊取扱郵便物の種類

（1）主な特殊郵便物

　郵便物を**特殊取扱郵便物**（速達や書留など）にする場合は、通常郵便物または小包郵便物の料金に特殊取扱の料金が加算されます。状況や目的に応じて使い分けましょう。

★ 主な特殊取扱郵便物　※速達以外はポスト投函は不可

種類	内容
速達	・通常の郵便物よりも**早く配達される**
書留	・**3種すべてにおいて、引受けから配達までの記録が残る** ※郵便物が壊れたり届かなかったりした場合、原則、差出しの際申し出た損害要償額の範囲内で賠償を受けられる ・**現金書留、一般書留、簡易書留**がある
配達証明	・書留郵便物を**配達した事実を証明する**
内容証明	・いつ、どんな内容の文書を、だれからだれ宛に差し出されたかを、差出人が作成した**謄本**によって証明する ・謄本は**2通**必要（差出人および郵便局が各1通ずつ保存） ・**一般書留扱い**
配達日指定郵便	・**配達日を指定する**ことができる

（2）書留の種類

　書留には3種類あり、送れるもの、送れないものなど、それぞれの特徴を理解しておきましょう。

現金書留	→	・**現金（硬貨も含む）を送るときに利用** ・専用の現金封筒を使い、原則、現金が入っていれば、**のし袋や手紙なども同封できる**
一般書留	→	・単に「書留」と呼ばれる場合もある ・**貴重品や商品券、手形、小切手などを送る際に利用** ・**宛名の本人だけが開封するように指定される** ・現金は同封できない
簡易書留	→	・**補償額が最大5万円**と安く、その分料金も安い ・5万円までの有価証券や、「秘」文書などの重要書類・原稿などを送るときに利用するとよい ・**現金や貴重品は同封できない**

3. 郵便小包

★ 郵便小包の種類

種類	内容
ゆうパック	・サイズ3辺（縦・横・奥行き）の合計が**170cm以下**、重さ**25kgまで**対応 　※重さが25kgを超え30kg以下の場合は「重量ゆうパック」、当日配達の場合の「当日配達ゆうパック」などもある ・**サイズと宛先**（配達地域）により、運賃は異なる ・封をしていない請求書などの添え状は同封できる（**手紙など信書は同封できない**）
ゆうメール	・基本料金は**全国一律、ポスト投函可能** ・重さは**1kgまで** 　大きさは、縦＝34cm以内、 　横＝3cm以内、奥行き＝25cm以内 ・**冊子や印刷物**、ＣＤ・ＤＶＤなどを送ることができる ・外装の見やすい所に「**ゆうメール**」、またはこれに相当する文字を表示する ・添え状は同封できる（**手紙などの信書は同封できない**）

レターパックプラスやレターパックライトも便利。A4ファイルサイズ（専用の封筒を使用）、重量4kgまでなら全国一律料金で、信書も送ることができるよ

配達先で対面式で手渡され、受領印をもらうのがレターパックプラス、郵便受けに配達されるのはレターパックライトだよ

4. 大量郵便物の発送

　たくさんの郵便物を発送するときは、切手を貼らずに、料金をまとめて支払うことができる発送方法を利用すると便利です。

　ただし、格式や儀礼を重んじる文書は、1通ずつ切手を貼って発送するようにしましょう。

★ 大量郵便物の発送方法

種類	内容	
料金別納郵便 （べつのう）	・同一料金の通常郵便物を**10通以上**まとめて送る場合に利用する ・料金を一括して支払うことができる ・**料金別納郵便**とわかる表示をあらかじめ封筒に印刷しておくと、切手を貼る手間が省ける	差出事業所名 料 金 別 納 郵　便
料金後納郵便 （こうのう）	・**毎月50通（個）以上**の郵便物・荷物を出すとき、翌月に1か月分の料金をまとめて支払うことができる ・荷物は、**10個以上**で後納（ゆうメールは除く）	差出事業所名 料 金 後 納 郵　便
料金受取人払郵便	・受取人は受け取った郵便物の数だけ料金を支払う ・**差出人は料金を支払う必要はない**ため、アンケートはがきの回収率を上げたい場合や、通販などの申込時の利用に適している ※右図は、料金即納扱い（料金後納扱いは承認番号欄が二重枠）	料金受取人払郵便 ○○局承認 789 差出有効期間 ○○○○年○月 ○日まで

確認 Q A

	Question		Answer	
Q1	**「重要」と記された郵便物は、開封しないで上司に渡す**	A1	重要と書かれた郵便物は秘書が開封し、郵便物をまとめて上司に渡す際に、上に置くようにする	×
Q2	**「秘」文書を社外に送る場合、一般書留、または簡易書留で出す**	A2	さらに送った旨を相手に電話で連絡する	○
Q3	**祝賀会の招待状は料金別納郵便で送ってもよい**	A3	儀礼を重んじる文書の送付に、料金別納郵便の利用はふさわしくない	×

問題　次は、秘書Aが利用した郵送方法である。中から不適当と思われるものを一つ選びなさい。

1　「秘」文書を送る際、簡易書留を利用した。

2　現金と一緒に手紙も送りたかったため、現金書留を利用した。

3　宛名本人に開封してもらわなければならなかったので、一般書留を利用した。

4　A4サイズの信書を対面式で配達してもらいたかったので、レターパックプラスを利用した。

5　アンケートはがきの回収率を上げたかったため、差出人が料金を支払う必要のない料金別納郵便を利用した。

・解説▶

① 簡易書留は、5万円までの有価証券や、「秘」文書などの**重要書類・原稿**などを送るときに利用できます。現金は同封できません。

② 現金書留は、専用の現金封筒を使い、原則、現金が入っていれば、**のし袋や手紙を同時に送ることもできます。**

③ 一般書留では、**宛名の本人だけが開封**するように指定されます。現金は同封できません。

④ レターパックプラスやレターパックライトは、**重量4kg までなら全国一律料金**で、**信書**も送ることができます。対面式はレターパックプラス、郵便受けに配達されるのはレターパックライトです。

⑤ アンケートはがきの回収率を上げたい場合は、**料金受取人払郵便**を利用します。これは、設問のように**差出人は料金を支払う必要はなく**、また、受取人は受け取った郵便物の数だけ料金を支払うものです。

正答　**5**

文書・資料管理と日程管理

**今日の
ポイント**

▶ 必要な資料はわかりやすく整理して、上司に求められたらすぐに
用意できるようにする

▶ 上司のスケジュール管理を確実に行えるようになる

① ファイリング用具と使い分け

1. バーチカルファイリング

（1）ファイリング用具

バーチカルとは、「垂直の」「直立した」を意味する言葉です。バーチカルファイリングとは、**書類をとじないで**ファイルに挟み、**キャビネット（整理棚）の引き出しに書類を立てて並べる**ファイリング方法をいいます。バーチカルファイリングでは主に次の用具を使います。

フォルダー	→	厚紙を二つ折りにした書類挟み。書類を挟んで保管する
ラベル	→	フォルダーに貼る、タイトルから探すための目印
ガイド	→	縦に並べたフォルダーを関連づけられたグループごとに分けるとき、グループを分けるために使う厚紙
持ち出し用フォルダー	→	紛失を防ぐため、書類を入れて渡す専用のフォルダー ※貸し出すときは、必要事項（書類名、貸出日、貸出先、返却予定日）を記入した「貸し出しガイド」などを貸し出した書類のかわりに差し込む

（2）ファイルの整理法

次の手順で行います。

①同じ仲間の書類を**1つのフォルダーに入れる**

②さらに、**関連するフォルダーどうしをグループに分ける**

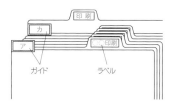

③**50音順**や**時系列順**など、1つの基準に従って**手前から奥側に並べる**

179

学びNAVI

書類の整理法

- **相手先別整理法**…取引先別や個人別など、**相手先ごと**にまとめる
- **主題別整理法**……カタログ類、○○会議など、**テーマごと**にまとめる
- **一件別整理法**……○○プロジェクトなど、**特定の案件ごと**に、業務の始まりから終わりまでをまとめる
- **表題別整理法**……発注書や請求書、企画書などの**表題ごと**にまとめる
- **形式別整理法**……礼状・あいさつ状・年賀状など、**文書の形式**によりまとめる。量が少ないものに向いている

2. 保管と廃棄

　最低でも１年間に１回ないし２回、書類を整理し直し、**古い書類と新しい書類を入れ替え**ます。ただし、法律で定められた保管期間のある書類もあるので気をつけましょう。整理方法には次の方法があります。

上下置き換え	→	キャビネットなど整理棚の<u>上段</u>を今年度分、<u>下段</u>を前年度分で分け、年度替わりに入れ替える。下段の書類は廃棄するものと保存するものに分けて移動し、上段にあった書類を空いた下段に移し替える
移し替え	→	用途のある資料は、<u>同じ室内の別の場所</u>に移して保管する
置き換え	→	ほとんど使うことはないが、保存する必要のある書類は、地下室や倉庫など、<u>別室にまとめて保存</u>する

❷ 名刺の管理

1. 名刺の分類

　名刺の分類は、**五十音順**に並べ、仕切り（ガイド）を立てて分類する方法が基本です。さらに次のように分類します。

- 個人名で探すことが多い→**名前で分類**する
- 会社名で探すことが多い→**会社名で分類**する
- 業界別や業種別に探すことが多い→**業界別・業種別**に分類する

2. 名刺整理のための用具

名刺を整理する用具には、主に**名刺整理簿**や**名刺整理箱**があります。最近では名刺をスキャンして、データで整理することもあります。

★ 名刺整理用具の長所と短所

用具	長所	短所
名刺整理簿 名刺ファイル	・帳簿式で一覧性がある ・持ち運びに便利	・大量の名刺の整理には向かない ・分類を変えにくい ・追加や差し替えなどが面倒 ・名刺により入らないこともある
名刺整理箱	・整理簿よりもたくさん整理できる ・名刺の出し入れがしやすい ・名刺の大きさは問わない	・一覧性はない ・持ち運びしにくい
データ管理 （パソコン）	・データなので、検索、追加、削除、訂正が容易	・データの更新作業、入力後の確認作業は必須

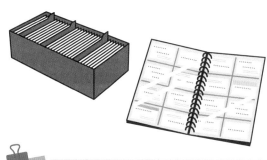

名刺整理のコツと注意点

- 受け取った名刺には、**会った日付**、**面談の用件**、**容姿の特徴**などを余白にメモ

- 異動・移転など、名刺の内容が変わったら、新しい名刺をもらい、**古いものは廃棄**する

- 上司の**個人的な関係**の名刺は、**業務関係の名刺**とは別にしておく

整理箱なら、利用した名刺や新たにもらった名刺を仕切りのすぐ後ろに入れておくと、よく使う名刺が仕切りのすぐ後ろに自然に集まるね

❸ 情報収集と雑誌・カタログ

1. 情報収集と管理

　スクラップするように指示された新聞や雑誌の記事、あるいは上司が関心を持ちそうな記事を見つけたらチェックを入れておきます。

　情報収集と管理は次のように行います。

マーカーなどで囲み、切り抜く
- 上司が読み終った新聞・雑誌に、切り抜く記事をマーカーなどで囲む
- **新聞は翌日、雑誌は次号が届いたときに切り抜く**
  ※裏表両方切り抜く場合は、どちらかをコピーしてから切り抜く

台紙に貼る
- 切り抜きを**Ａ４サイズの台紙**に貼る。**１枚の台紙に１記事**が基本
- 台紙の余白には次のことを記入する
  新聞の場合→**紙名・日付・朝夕刊の区別・地方版名**
  雑誌の場合→**誌名・年月日・号数・ページ数**

保管する
- テーマごとの**フォルダー**に新しい台紙を上にして挟み、キャビネットで保管、またはフラットファイルなどに閉じる

2. 雑誌整理

雑誌の受け入れ
- 最新号が届いたら、受け入れ日を控え、表紙に社印を押す

前号との入れ替え
- 上司の部屋や応接室にある**前号と最新号を入れ替える**

雑誌の保存
- 保存不要の雑誌は、最新号が出たら処分する
- **半年もしくは１年分**をまとめ、**総目次**をつけて**合本**^{がっぽん}する。保存期間は、一般誌で１年、専門誌で５年程度。期間を過ぎたものは廃棄する

3. カタログ整理

整理する

- 製品別（主題別整理法）で分類する
- 厚いものは書棚に、薄いものはハンギングフォルダーなどで管理する

カタログの入れ替え

- 1年に1度はチェックし、新しいカタログと入れ替え、古いものは上司の許可を得てから廃棄する
- 自社のカタログや、重要な取引先のカタログの場合は、古いものを別の場所にまとめて保管する

4. 印刷物・新聞関連の用語

★ 印刷物・新聞関連の主な用語

用語	意味
日刊／週刊	毎日発行すること ／毎週1回発行すること
月刊／隔月刊	毎月1回発行すること／2か月に1回発行すること
旬刊	毎月、上旬・中旬・下旬の3回発行すること（10日ごとに1回）
季刊	年に4回発行すること（春号・夏号・秋号・冬号など）
増刊	定期的に発行している印刷物を、臨時に発行すること
パンフレット	製本されていない、仮綴じ状態の宣伝用印刷物
リーフレット	1枚刷りの宣伝用印刷物。二つ折りや三つ折りにされている
白書	政府（各省庁）が発行する刊行物
官報	政府が国民に知らせる事項をまとめた機関紙。日刊
機関誌（紙）	会員向けに団体が発行する雑誌（新聞）
改訂	出版されている書籍の内容に変更を加えること
増刷	一定部数を印刷したあと、さらに追加で印刷すること
再版（重版）	すでに発行されている書籍を、再度同様の形で発行すること
絶版	一度出版した書籍を重ねて印刷しないこと
バックナンバー	すでに発行された雑誌などの刊行物
合本	複数冊の本やバックナンバーなどを合わせて1冊にしたもの
総目次	雑誌などをまとめた合本の最初につける、目次をまとめたもの
草稿	下書き、原稿のこと
校正	原稿と比べて、文字や体裁の誤りや不備を正すこと
校閲	文書や原稿を調べ、内容などに誤りや不備がないか点検すること

落丁	印刷物のページが抜け落ちていること
乱丁	印刷物のページの順番が乱れていること
奥付	印刷物の発行年月日、発行所などが記されている部分
全国紙	国内全域で販売されている新聞
地方版	全国紙の中で、地域の情報をまとめているページのこと
ブロック紙	都道府県のうち、複数の地域にまたがる地方紙
地方紙	特定の地域を販売対象としている地方新聞
業界紙	特定の業界に関する情報を掲載している新聞

❹ 日程管理と予定表

1. 予定表の種類と作成

　日々変わるスケジュールを把握し、上司に正確に伝えるのは秘書の重要な仕事です。また、**上司の健康面なども考慮**して予定を作成します。

（1）予定表の種類

　①～④の順番で予定表をまとめます。

①年間予定表　→　1年間の社内外の主要行事を書き込んだ予定表
例）入社式、株主総会、創立記念日、年末年始休暇など

②月間予定表　→　1か月の予定を書き込んだ予定表
・年間予定表から主要行事を書き写し、次に出張や会議などの予定を細かく記入する

③週間予定表　→　1週間の予定を書き込んだ予定表
・月間予定表よりさらに詳細な事項を記入する

④日々予定表　→　1日の予定を書き込む予定表
・週間予定表よりさらに詳細な行動計画表

（2）予定表の作成方法と留意点

● 予定表の作成時期
　年間予定は前年末、月間予定は前月末、週間予定は前週末、日々予定は前日の午後までに作成し、上司への確認をすませておく

● 予定表の記入
　年間、月間などそれぞれの予定表はすべて**1枚の紙におさまるよう**

に書く

- 記入事項の記号化

  よく使う言葉は記号化する（会議□、訪問△、来客○、出張◎など）

- 予定表の複製・配布

  予定が決まったら**複製を作り、上司と秘書が1枚ずつ同じものを持
  つ**。配布する場合は、詳細を省いた月間予定表・週間予定表を配布

- 上司のプライベート

  仕事とプライベートの予定は一緒に管理するが、**プライベートの予
  定は公の予定表には記入しない**

- ゆとりを持たせる

  仕事が立て込んでいるとき、出張の直前直後、会議の直前直後、昼
  食前、出社の直後、退社の直前などには、なるべく予定を入れない

2. 日程の変更と調整

新しい予定の申し入れがあった場合は次の手順で処理します。

①希望の日時を聞く

②その日時の上司の予定を確認

③上司に報告して指示を仰ぐ

④先方に伝える

⑤上司と秘書の持つ日程表に書き加える

予定変更時の対処法

- 相手から予定変更の申し入れがあったら
  相手の変更後の希望日時などを聞き、上記の②→③
  →④→⑤の手順で処理
- こちらの都合で変更するとき
  相手に連絡→事情を説明しておわびし→改めて希
  望や対応を聞き→上司に報告する、といった手順で
  処理する
- ※予定表を配布している場合、予定の変更を予定表配
  布先に通知する

予定が変わった場
合は、修正ペン
などは使わず、二
本線で消して書き
換えてニャ

❺ 出張前・出張中・出張後の仕事

　上司の出張の際、秘書は、日程の調整や交通機関・宿泊先の手配、旅費の精算などを行います。通常、**秘書は出張には同行せず留守を預かります**。書類整理や部屋の掃除などをしておき、出張中にあった訪問や電話への対応などを報告します。

1. 手配

（1）計画

　まず、**出張期間**や**目的地**、**宿泊・同行者・手土産**の有無、**資料**の要否、**仮払い**の有無などを上司に確認しましょう。その後、次の手順で計画をたてていきます。

　　①出張日程の調整
　　②交通機関の選定と手配
　　③宿泊先の選定と手配
　　④旅程表（出張中の行動予定を１日ごとに一覧にしたもの）の作成

　旅程表には、使用交通機関、列車（便）名、発着時刻と発着駅、訪問先の名前と電話番号、宿泊先の名前と電話番号など、出張にかかわる情報をすべてまとめておこう

（2）準備

　旅程表ができたら、上司に渡し、**必要があれば関係部署にも配布**します。また、**必要な経費を計算**して経理部に申請して**仮払い**を受け、事前に上司に渡しておきます。

　旅券や出張先に上司が持参する**資料**、また、**名刺や封筒**、訪問先に渡す**手土産**などを用意しておき、**前日に渡します**。

2. 出張中の秘書の業務

　訪問者の応対と記録、電話の応対と記録などが主な仕事になります。出張中の対応については、あらかじめ上司の指示を仰ぎ、その通りに業務を進めます。緊急の場合は、宿泊先や立ち寄り先などの電話番号はみだりに人に教えず、**秘書が仲介して上司に連絡します。**

　上司の留守中には、主に次のことを行います。

- できごと・伝言などを**メモにまとめる**
- 受信した**文書の整理**
- ふだんできていなかった作業をする
（資料整理など）

3. 出張後の秘書の業務

　上司が戻ったら、留守中のできごと、訪問者、電話の内容などを報告し、郵便物を渡します。その他、次のことを行います。

- 名刺や資料など、出張の際の持ち物を整理する
- 領収書を受け取り、実際にかかった旅費を精算する
- 上司の出張報告書の作成を手伝う
- 出張先でお世話になった人への礼状を出す

 確認

	Question		Answer	
Q1	**○○プロジェクトなど、案件別にまとめる整理法を表題別整理法という**	A1	一件別整理法という	×
Q2	**一覧性は名刺整理簿のメリットだ**	A2	持ち運びにも便利である	○
Q3	**バックナンバーなどを合わせて1冊にしたものを合本という**	A3	冒頭につける目次を総目次という	○
Q4	**公の予定表には上司のプライベートの予定も記入しておく**	A4	公の予定表には記入しない	×
Q5	**上司の出張中、緊急の場合は宿泊先の電話番号を人に教えてもよい**	A5	秘書が仲介して上司に連絡をする	×

DAY 19 確認テスト

問題　次は、秘書Aが上司の日程管理について心がけていることである。中から不適当と思われるものを一つ選びなさい。

1　予定表は消せないペンで書き、変更があった場合は、二重線で修正箇所を消して書き換えるようにしている。

2　面談を予定していた相手から日程変更の依頼があった場合は、相手の希望する日時を聞き、日程表を確認してから、上司に報告して指示を仰ぐようにしている。

3　年間予定は前年末、月間予定は前月末、週間予定は前週末、日々予定は当日までに作成し、上司に確認するようにしている。

4　上司の体調が悪いときや仕事が立て込んでいるときなどは、予定を詰め込み過ぎないよう、スケジュールにゆとりを持たせるようにしている。

5　会議や出張など、予定表でよく使う言葉は記号化している。

● 解説

① 消しゴムなどで消せる筆記具で記入するのではなく、記述のように**二重線で消し、変更前の予定がわかるように**しておきます。

② その後、先方に上司の確認が取れた旨を**連絡**し、上司と秘書の持つ**日程表を書き換え**ます。

③ **日々予定は、前日午後までに作成**して、上司に確認します。

④ 予定は**上司の健康面**なども考慮して作成します。また、仕事が立て込んでいるとき、出張の直前直後・会議の直前直後などには、なるべく予定を入れず、ゆとりを持たせましょう。

⑤ **記号を上手に使って、1枚の用紙に予定がおさまるように**します。

正答　3

環境整備・その他の知識

今日の
ポイント

▶ オフィスにあるさまざまな機器の役割を理解し、管理と取り扱いを行えるようにする
▶ 快適なオフィスの環境づくりを心がける

① オフィス機器

1. 主なオフィス機器

　ＯＡ（オフィス・オートメーション）と呼ばれる機器が発達した現代のオフィス機器には、次のようなものがあります。

複合機	→	コピー機能のほか、ファックス機能やスキャニング機能、パソコンからデータを送って出力するプリンター機能を備えている
ファクシミリ（ファックス）	→	電話回線を通じて文字や図・写真などの紙情報を送・受信する
パーソナルコンピュータ（パソコン）	→	PCともいう。文書作成や表計算など、さまざまなソフトを使いこなすことで、大幅な時間短縮を実現し、日々の業務の効率化につながっている
プロジェクター	→	画像や文字を、スクリーンに映し出す映写機。パソコンの画面をそのまま映すことができ、プレゼンテーションや会議などの際に使用する
スキャナー	→	パソコンと接続して文書や画像を読み取る機器。パソコン上で加工を行うことができる
シュレッダー（文書細断機）	→	不要になった資料や「秘」文書を細かく裁断し、再生・判読不能にする機器

❷ 快適なオフィス環境

1. 室内レイアウト

　オフィスの環境づくりも秘書の仕事です。上司が快適に、能率的に仕事に取り組めるようにしましょう。上司の机や応接セットは、次のように配置します。

①上司の机
- ドアを開けても出入り口からは見えない配置にする
- 机に向かったときに**外光が左もしくは背から入る向き**にする

②応接セット
- **上司の机の近く**に配置する

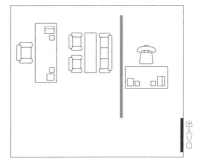

③秘書の机
- **出入り口近くに配置**し、来客が前を通って上司のところに行ける向きにする。また、**応接セットに座った来客と視線が合わないようにする**
- **上司と向かい合わないように配置**（つい立てを立てるなど）
- 上司の意思が伝達しやすいところに配置する

部屋の模様替えなど行う際は、勝手に手を加えず、上司に確認して行うこと！

2. 机上整理

　机の上には、**必要なもの以外は置かない**ようにし、事務用品を使用したあとは、必ず元の場所に戻します。上司の机の上は次のようにします。
- 左手の位置に電話と電話番号簿、右手の位置にメモ紙・ペンとトレ

イを配置（上司の利き手により配置は変わる）

● 上司自身が仕事しやすい配置を最優先とする。**勝手に動かさない**

室内環境の整備

● **室温**
  ・夏は**25〜28度**、春と秋は**22〜23度**、冬は**18〜20度**

● **照明**
  ・オフィスは**直接照明**で適度な明るさに（事務室では、300〜1500ルクスが適当）
  ・応接室は**間接照明**で柔らかい雰囲気に（応接室では、200〜500ルクスが適当）
  ・ブラインドで調整するなど、**外の明かりを取り入れる**工夫をする

● **防音**
  ・ドアチェックをつけドアの閉まる音を軽減したり、厚手のカーテンや吸音材、つい立てなどで音を遮断する

● **色彩**
  ・クリーム色…応接室向き（感情を和やかにさせるといわれる）
  ・茶色やベージュ…役員室や会議室向き（感情を落ち着かせるといわれる）

❸ その他の知識

1. 領収書の知識

● 領収書に必要な記載事項…**日付、宛名、金額、品名、発行者名**

● 収入印紙…金額が**5万円以上**の場合に必要。収入印紙を貼ったら、領収書と収入印紙にまたがるよう、印（**消印**）を押す

2. 用紙サイズ

　用紙には**A判**と**B判**があります。一番大きい紙がＡ０、Ｂ０で、二つ折りをくり返していくことで、Ａ０→Ａ１→Ａ２→Ａ３→Ａ４→Ａ５→…A10、Ｂ０→Ｂ１→Ｂ２→Ｂ３→Ｂ４→Ｂ５→…B10と、だんだん小さいサイズになっていきます。

学びNAVI

A判・B判の概略図と寸法

	A判（mm）	B判（mm）
0	841×1189	1030×1456
1	594×841	728×1030
2	420×594	515×728
3	297×420	364×515
4	210×297	257×364
5	148×210	182×257
6	105×148	128×182
7	74×105	91×128

※A判は国際標準規格。B判は美濃紙の大きさ
　をもとにして作られた日本の規格
※A判B判の最大寸法は「0」

ふだんよく使う用紙を小さいものから並べると、
B5＜A4＜B4＜A3
となるよ

3. 数え方

★仕事でよく使うものの数え方

数える対象	数え方
新聞	数→部 種類→紙 ページ→面
書類	紙片→枚 クリップなどで数枚とじてあるもの→部、綴り 冊子状のもの→部
議案、議題	件
電話	電話機→台 通話→本

はがき	使用していない状態のもの→枚 郵便として使用したもの→通 思い出のはがきなどを詩的に表現したいとき→葉
封筒	通
電報	通、本
賞状	枚
パンフレット、リーフレット、資料	部
本	冊、部、巻
論文	編
列車の運行数	本
機器（パソコン、機械など）	台
いす	脚
机	脚、台、卓
花	本、輪
絵画	点、枚、幅
詩歌	詩→編 和歌、短歌、漢詩→首 俳句、川柳→句
箸、飯	膳
スーツ	着、組、揃い
ネクタイ	本、掛け
履物	足
寄付	口
ビル／エレベーター	棟／基、台

確認 Q A

	Question		Answer	
Q1	プロジェクターは、パソコンの画面をそのままスクリーンに映し出すことができる	A1	プレゼンテーションや会議で便利なOA機器	○
Q2	用紙の大きさは、小さいものから、A4＜B5＜A3＜B4である	A2	B5＜A4＜B4＜A3である	×
Q3	秘書の机は上司と向かい合わないように配置する	A3	つい立てを立てるなどして工夫する	○

問題　次は、秘書Aが、上司の部屋の環境整備で行っていることである。中から不適当と思われるものを一つ選びなさい。

1　暑い日は、上司が外出から戻ってくる前にエアコンの温度設定をやや低くしておく。

2　応接セットは、上司の机に近い位置になるよう配置し、壁紙はクリーム色、照明は直接照明としている。

3　上司が机に向かったときに、外光が左もしくは背から入る向きになるようにしている。

4　上司が机の上に「秘」文書を置きっぱなしで出かけてしまった場合は、元のファイルに戻しておくようにしている。

5　観葉植物を新しいものにするときは、上司に確認してから交換するようにしている。

● 解説

① 室内温度は、夏は 25 〜 28 度、春と秋は 22 〜 23 度、冬は 18 〜 20 度が適温といわれています。上司が快適と思える温度を保つために、秘書が室内温度を調整します。

② 上司室や応接室の照明は、**間接照明**のほうが**部屋の雰囲気を柔らかくする**ため向いています。

③ **ブラインド**なども調整して、外の明かりを上手に取り入れる工夫をします。

④ 「秘」文書を出しっぱなしにしている場合は、必ず元の場所に戻します。机の**拭き掃除**や**備品の補充**など、必要なとき以外、秘書は上司の机の上のものにふれないようにします。

⑤ 部屋の模様替えなどを行う際は、上司に確認し、秘書が**勝手に判断しない**ようにします。

正答　2

技能の記述対策

今日のポイント
▶ はがきについてのルール、書き方のポイントを把握する
▶ 開封するか、すべきでないかの判断基準を具体的につかむ

① 郵便物の扱い

1. はがきのルール

DAY18で郵便物について学びましたが、会合の出欠やお礼状などさまざまな用途で使うはがきについて、適切な扱いと記載方法についてチェックしておきましょう。

（1）定形はがきの規格

①通常はがき

- 長方形
- 長辺14cm 〜 15.4cm
  短辺9cm 〜 10.7cm
- 重さ2g〜6g

②往復はがき

- はがきの短辺部分をそろえて2つ折り
- 折山は右側
- 重さ4g〜12g

※はがきは私製でもよいが規約がある（内国郵便約款第22条）

全面ピッタリ貼れば、
シールなどの薄い紙
を貼るのもOK！
全面密着させてね

（2）返信用はがきの書き方

表

〒

東京都新宿区西新宿○○丁目
株式会社○○○○
総務部総務課
山田太郎 行様

裏

○月○日の会議に
御出席いたします。

御欠席

御住所　新宿区下落合○○○
御芳名　太田一郎

※欠席の場合には、簡潔に理由を書き添える

2. 開封してよいかどうかの判断

　秘書が開封して上司に渡すか、開封せずに渡すかの判断基準を具体的にみてみましょう。　　　　　×…開封してはダメ　　○…開封してよい

（1）差出人

 個人的な付き合い（私信）
友人、家族、秘書が把握していない個人名

 業務上の付き合い　（社用・公用）
取引先の会社名、担当者名

（2）郵便の種類

 書留・簡易書留

 普通郵便・速達郵便

（3）郵便の外脇付

 親展（本人以外の開封禁止）

 重要（重要な文書なので丁寧な扱いを）
至急・急信（すみやかに確認し対応を）
謹呈・贈呈（さし上げます）
○○*在中（○○が入っています）

秘書が開封してOK？NG？
判断ポイントがあるはず。
総合的な判断も必要だニャ

＊請求書、領収書、カタログ、写真、掲載紙など

3. 知っておきたい宛名の書き方

- 個人宅で宛先住所と宛名人の姓が違う場合……○○**様方**
  例）産休で実家に帰省中の同僚、高橋和子さん（旧姓佐藤さん）宛て「（住所）佐藤様方　高橋和子様」
- 宛名人が所属する団体などのほかにいる場合……○○**気付**
  例）出張でセントラルホテル905号室に滞在中の高橋正夫常務宛て「セントラルホテル気付　905号室　高橋正夫様」

❷ グラフの見せ方

1. グラフ作成の基本

DAY17でグラフの書き方について学びましたが、データをグラフ化する際のポイントを押さえておきましょう。

（1）データ以外のグラフの要素

①タイトル（必要に応じサブタイトルも）　②メモリ（単位を明確に）
③脚注　例）「○年は△を除く」「複数回答のため合計は100％とならない」
④引用資料名　⑤調査時期・調査機関名

（2）見せ方

そのデータで何を表したいかを考えて、グラフの種類や補助線や引き出し線を使いましょう。

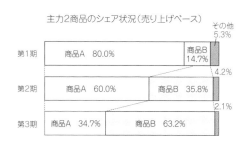

主力2商品のシェア状況（売り上げベース）

割合を示すだけなら円グラフでもいいよ。複数のデータを並べて補助線を引くことで、推移がわかりやすくなるね！

確認 Q A

	Question		Answer	
Q1	返信用はがきの宛先が人名でなく、部署名の場合は「○○行き」でよい	A1	部署名や社名などの場合は「○○御中」とする	×
Q2	直近10年の年間売り上げ額と各年の部門内訳の報告を指示されたので、積み上げ棒グラフで1つにまとめた	A2	指示された内容をいかに簡潔にわかりやすく表すか、工夫して作成する	○

197

確認テスト

問題　下は、秘書Ａが書いた、上司（○○株式会社　松本隆夫常務）が招待された記念パーティーの欠席を連絡する返信はがきである。不適切な書きかたや丁寧さに欠ける部分が３カ所ある。それぞれ適切な書きかたとなるよう指摘しなさい。

解説

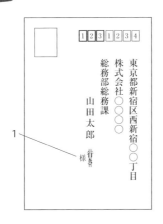

正答　1．宛名の「行き」を２本線で消し、「様」と直す。
　　　2．「ご出席」はしっかりと２本線で消す。
　　　3．「ご芳名」は「ご芳」を２本線で消す。

秘書検定2・3級「速習テキスト&問題集」

予想模擬試験

本試験を想定した予想模擬試験にチャレンジ！

（解答・解説は 256 ページ〜）

●試験時間

2 級…120 分　　　3 級…110 分

●出題形式

五肢択一および記述式

●合格基準

理論編「必要とされる資質」「職務知識」「一般知識」

60% 以上正解（13 問中 8 問）

実技編「マナー・接遇」「技能」

60% 以上正解（22 問中 14 問）

3級予想模擬試験《第1回》

必要とされる資質

問題1 次は、新人秘書Aが、秘書の身だしなみとして心がけようと考えていることである。中から**適当**と思われるものを一つ選びなさい。

1 秘書は控えめに、目立たないほうがよいので、女性でもノーメイクにすべきだ。

2 企業のトップと会うこともあるため、高価なインポートものやブランドもののスーツを着るようにしよう。

3 華やかな印象を与えられるよう、アクセサリーは目立つものを選ぼう。

4 名刺を受け取ったり、お茶を出したり、手元を見られることが多いので、爪の手入れを欠かさないようにしよう。

5 企業のイメージアップになるよう、つねに流行のヘアスタイルを心がけよう。

問題2 次は、秘書の資質について述べたものである。中から<u>不適当</u>と思われるものを一つ選びなさい。

1 上司から指示されていた仕事が期日通りに終わりそうにないので、上司にその旨を相談した。

2 上司の指示による仕事をしている途中で、他部署の上司から応援を要請された。引き受けても問題ない内容だったが、上司にその旨を相談した。

3 夕方までに仕上げなければならない仕事が重なったため、ほかの秘書と手分けしたいと思い、上司にその旨を相談した。

4 勤務時間を過ぎてから、上司に「申し訳ないが、帰る前にP社に届けてくれないか」と頼まれたので、快く引き受けた。

5 仕事をしている最中に、上司から急ぎの仕事を頼まれた。それまでにやっていた仕事が途中だったので、それをきちんと終わらせてから取りかかった。

問題3 次は、秘書に望まれる性格などの特徴を表す言葉である。中から最も<u>不適当</u>なものを一つ選びなさい。

1　明朗
2　能弁
3　誠実
4　寛大
5　機転

問題4 次は、秘書Aが上司（男性）の健康管理のために行っていることである。中から<u>不適当</u>と思われるものを一つ選びなさい。

1　かかりつけの病院や主治医の把握。
2　応急手当の知識を身につける。
3　健康保険証の番号を控えておく。
4　救急薬品などを常備しておく。
5　上司の奥様に食生活で注意してほしいことを話す。

問題5 次は、秘書Aが、会社の機密を守るため実践していることである。中から適当と思われるものを一つ選びなさい。

1　社内の人が集まるイベントなどは、なるべく欠席するようにしている。
2　親しい同僚相手に、うっかり機密事項を話してしまうかもしれないと考え、昼食に誘われても何かと理由をつけて断るようにしている。
3　人事異動の内容について、「何か知っていたら教えて欲しい」と言われたら、情報が耳に入っていたとしても、「（自分は）知る立場にない」とやんわりと告げるようにしている。
4　機密事項の書面は、紛失したら困るので、上司に保管を頼み、必要に応じて出してもらうようにしている。
5　履歴書などの機密書類をチェックしている間に席を離れる場合、1分に満たない時間で戻れるときは、机の上に伏せておくようにしている。

問題6 次は、秘書に求められる補佐的役割についての内容である。中から**不適当**なものを一つ選びなさい。

1 上司の指示に、忠実にまた即座に従う。

2 想定外の出来事にも、臨機応変に対応する。

3 相手にかかわらず、丁寧に接する。

4 人間関係のパイプ役となる。

5 他社の人から好印象を持ってもらうことを最も重視する。

問題7 秘書Aが通勤時、途中の駅に着いたところで、車両事故により電車の運行に大幅な遅れが出ているとアナウンスがあり、定刻までに出社できそうにない事態となった。携帯電話はあいにく充電切れで使えない。Aはどのように対処すればよいか。次の中から**適当**と思われるものを一つ選びなさい。

1 窓口に並んで遅延証明書をもらった上で、できるだけ早く出社できる方法を考える。

2 電話を借りて会社に連絡し、車両事故で遅れること、時間はまだわからないが、上司の仕事の段取りについては、自分が出社してから行うと伝える。

3 電話を借りて会社に連絡し、朝一番で来社するお客様への対応は、総務部のBさんに頼んであることを上司に伝えてもらう。

4 路線を乗り継いで、目的地の駅に着いてから連絡を入れ、遅れたが間もなく出社することを上司に伝えてもらう。

5 多くの社員が同じ路線を使っているため、電車に遅れが出ていることは、会社に伝わっているだろう。遅延証明書をもらうために並んだり公衆電話を探したりするのは、時間の無駄なのであきらめて待つ。

問題8　次は、秘書Aがタスク管理のポイントとしていることである。中から<u>不適当</u>と思われるものを一つ選びなさい。

1　急ぎの仕事かそうでないか。

2　好きな仕事かそうでないか。

3　手分けしてできる仕事かそうでないか。

4　締め切り期限が近い仕事か余裕がある仕事か。

5　時間がかかる仕事かそうでないか。

問題9　次は、秘書Aが上司の出張で時間が空いたときに行うよう心がけていることである。中から<u>不適当</u>と思われるものを一つ選びなさい。

1　上司の私的なものも含めた次週のスケジュール確認。

2　未分類や雑フォルダーに入れてある書類の整理。

3　社史に目を通す。

4　退任した幹部社員のプロフィールなどの情報整理。

5　新聞や雑誌の切り抜きなどの情報整理。

問題10　上司から、「ゴルフショップに注文していたクラブが届いたそうだから、受け取りにいってくれ」と頼まれた。しかし秘書Aは、明朝、取引先に届ける書類を作成中である。この場合のAはどのように対処すればよいか。次の中から**適当**と思われるものを一つ選びなさい。

1　急ぎの仕事の途中であることを伝えた上で、「よい天気なので、散歩がてらお出かけになってはいかがでしょうか」と自分で行ってもらう。

2　急ぎの仕事の途中なので、ほかの人に頼んでほしいという。

3　スケジュールでは、ゴルフの予定は3日後なので、明日書類を届けてからでも十分間に合うと判断し、書類の作成を続けた。

4　上司に状況を伝えて、指示を仰いだ。

5　上司の指示は絶対なので、取引先に電話をして提出時間を延ばしてもらい、すぐにゴルフショップに取りに行った。

問題11 次は、印鑑についての説明である。中から<u>不適当</u>と思われるものを一つ選びなさい。

1　実印とは、市区町村に印鑑登録してある印鑑のことで、印鑑証明書を発行してもらえる。

2　銀行印とは、銀行に口座を開設するときに届け出る印鑑のことである。

3　捨印とは、契約書の記入ミスや脱字などがあった場合に訂正印として利用できるように、あらかじめ欄外に押しておく印のことである。

4　代表者印とは、会社の実印のようなものであり、市区町村に届け出る必要がある。

5　割印とは、書類が2枚以上になるときに、その2枚にまたがるように押される印で、同一文書であることを証明する意味がある。

問題12 次の「　」内の説明文は、下のどの語句についてのものか。中から**適当**と思われるものを一つ選びなさい。

「企業の経営判断に役立つ財務諸表の一つ。会計期間の収益と費用を表示して純利益を高めるもの」

1　確定申告書

2　キャッシュフロー計算書

3　貸借対照表（バランスシート）

4　損益計算書

5　株主資本等変動計算書

問題13 次の中で間接税はどれか。**適当**と思われるものを一つ選びなさい。

1　たばこ税

2　事業税

3　固定資産税

4　法人税

5　法人住民税

マナー・接遇

問題14 次は、秘書Aの上司への対応である。中から<u>不適当</u>と思われるものを一つ選びなさい。

1 上司から海外出張のお土産に「家の方とどうぞ」とクッキーをいただいた。翌日、「母がよろしくと申しておりました」とお礼を言った。
2 応接室にお客様を通したあとに、「お客様がおみえになりました」と伝えた。
3 上司に、「本日は外出の予定はございますか？」とスケジュールの確認をした。
4 上司に伝え忘れていた連絡事項があり、「申し訳ありませんでした。以後、気をつけます」と謝った。
5 文書を作成中に、上司からコピーを頼まれた。「はい、わかりました。もう少しで終わりますので、のちほどお届けします」と応じた。

問題15 次は、話を聞くときや伝えるときのポイント「５Ｗ３Ｈ」の５Ｗである。中から<u>不適当</u>なものを一つ選びなさい。

1 いつ
2 どこで
3 だれが
4 だれに
5 何を

問題16 次は、秘書Aが上司などに対して謙譲表現を使う場合の例である。元の言葉と謙譲表現の組み合わせの中から<u>不適当</u>と思われるものを一つ選びなさい。

1 わかってもらう ＝ ご理解いただく
2 見た ＝ 拝見いたしました
3 教える ＝ お教えします
4 納得してもらえたか ＝ よろしいでしょうか
5 質問があるか ＝ ご不明な点はおありでしょうか

問題17　次の中から、接遇用語として**適当**なものはどれか。一つ選びなさい。
　　（　）内は、通常の言い方である。

1　わかりません（わからない）

2　わかりました（わかった）

3　知りません（知らない）

4　さようでございます（そうです）

5　ちょっとお待ちください（待ってほしい）

問題18　次は、秘書Ａが電話を受ける際に心がけていることである。中から
　　<u>不適当</u>と思われるものを一つ選びなさい。

1　ベルが３回以上鳴ってから出るときには、「お待たせいたしました」とお
　　わびの言葉を添えるようにしている。

2　電話の相手をＡが知らないときには、上司との関係性もわからないので
　　「いつもお世話になっております」とは言わないようにしている。

3　電話を切るときには、相手が切ったのを確認してから受話器を置くよう
　　にしている。

4　間違い電話だと感じたときには、「失礼ですが、何番におかけでしょう
　　か？」と丁寧に尋ねるようにしている。

5　相手の電話の声が小さく聞き取りづらいときには、「恐れ入ります。電話
　　が少し遠いようなのですが」と言うようにしている。

問題19　次は、秘書Ａがお客様にお茶を出す場合に気をつけていることであ
　　る。次の中から<u>不適当</u>と思われるものを一つ選びなさい。

1　絵柄がついた茶碗の場合には、お客様のほうに絵柄が見えるように置く。

2　お茶を出す順番は、お客様の中で最も年長の方から出すようにする。

3　テーブルの上に書類が広がっていたら、「失礼いたします。お茶を置いて
　　もよろしいでしょうか」と尋ねるようにする。

4　打ち合わせが長引いている様子であれば、お茶を出した後、紅茶かコー
　　ヒーを出すようにする。

5　お茶とお菓子を出す場合は、お菓子を先に配るようにする。

問題20　次は、おじぎについての記述である。中から<u>不適当</u>と思われるもの
　　を一つ選びなさい。

1　廊下ですれ違った相手におじぎをするときは、「会釈」とする。

2　お客様を見送るときのおじぎは、「最敬礼」とする。

3　入退室のときのおじぎでは、上体を15度程度曲げる。

4　おじぎをするときの手は、指をそろえて伸ばし、体の前で組む。

5　改まった席であいさつするときのおじぎは、「最敬礼」とする。

問題21　次は、応接室の座席である。着席するのは、来客（取引先の部長）
　　と営業担当者、上司の3名である。上司が座るのはどこがよいか。次の中
　　から**適当**と思われるものを一つ選びなさい。

1　①
2　②
3　③
4　④
5　⑤

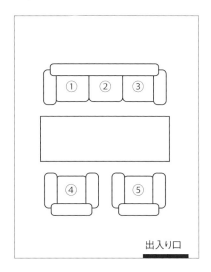

問題22　次は、慶事や弔事で現金を包む場合に使うのし袋の水引についての
　　記述である。中から<u>不適当</u>と思われるものを一つ選びなさい。

1　仏式の葬儀の場合、黒白の結び切りとする。

2　婚礼のお祝いの場合、金銀のあわび結びとする。

3　事務所の開所祝いの場合、紅白の蝶結びとする。

4　地域の祭礼での祝儀の場合、紅白の蝶結びとする。

5　取引先の人の子どもの入学祝いの場合、紅白のあわび結びとする。

問題23 秘書Aは、上司（部長）から「入院中の顧問へのお見舞いの品を用意してくれ」と言われた。次の中から最も**適当**なものを一つ選びなさい。

1　顧問はおせんべいに目がないので、個別包装になっているおせんべい詰め合わせにした。

2　顧問は、華やかな花がお好きなので、ユリを5本花束にした。

3　病室が明るくなるように、チューリップを6本とスイートピーを7本花束にした。

4　顧問の好みをよく知らなかったので、お見舞金を包んだ。

5　顧問は、海がお好きなので、海の風景や動物の写真集にした。

技能

問題24 次は、目的別の会議の種類についての記述である。名称とその説明の組み合わせが<u>不適当</u>なものを一つ選びなさい。

1　説明会議　　　　　　＝　情報の伝達が主な目的であり、決まっている方針などを伝える

2　研究会議　　　　　　＝　情報の交換や相互啓発が主な目的

3　問題解決会議　　　　＝　意思決定が主な目的

4　研修会議　　　　　　＝　相互啓発が目的であり、他者の意見を批判しないのが鉄則

5　ブレーンストーミング　＝　アイデアの収集が目的。自由な雰囲気で意見を出し合う

問題25 次は、秘書Aが会議会場の設営について考えたことである。中から<u>不適当</u>なものを一つ選びなさい。

1　参加予定者が12人で、自由に議論を交わしたい場合は、円卓型にする。

2　参加予定が多人数の場合、長机をロの字型に配置する。

3　スクリーンに資料映像を投影しながら議論する場合でも、参加予定が少人数ならば、円卓型にする。

4　参加予定が多人数で発言者と聴衆が分かれている場合、教室型の配置にする。

5　参加人数だけでなく、部屋の大きさも考慮して配置を決める。

問題26 次は、簡易書留についての記述である。中から<u>不適当</u>なものを一つ選びなさい。

1 補償額は最大5万円までである。
2 5万円までの有価証券を送ることができる。
3 5万円までの現金を送ることができる。
4 引き受けから配達までの記録が残る。
5 「秘」扱いの文書などの重要書類の送付に適している。

問題27 次は、新聞に関する用語とその意味の組み合わせである。中から<u>不適当</u>と思われるものを一つ選びなさい。

1 全国紙　　　＝　国内全域を販売対象としている新聞
2 地方紙　　　＝　特定の地域を販売対象としている地方新聞
3 ブロック紙　＝　複数の地域にまたがる地方紙
4 業界紙　　　＝　特定の業界団体が制作している新聞
5 地方版　　　＝　全国紙の中で、地域の情報をまとめているページ

問題28 次は、秘書Aが「秘」扱い文書について行っている内容である。中から<u>不適当</u>と思われるものを一つ選びなさい。

1 日頃から、机の中にしまうなど、できるだけ人目に触れないように配慮している。
2 紛失や破損に備えて、複写をする際は、自分の予備分を作るようにしている。
3 持ち歩くときは、中身が透けない無地の封筒に入れるようにしている。
4 ミスコピーを廃棄するときは、シュレッダーにかけて、再生不能にする。
5 郵送する場合は、封筒を二重にして、外側に「親展」と書き、書留扱いにする。

問題29　次は、社内文書を作成する際に、秘書Aが注意している内容である。
　中から**適当**と思われるものを一つ選びなさい。

1　他部署の部長や課長の目に触れる文書なので、頭語や結語、時候のあい
　さつを入れて敬意を表すようにする。
2　発信者を明確にするため、Aの部署名と個人名（フルネーム）を書く。
3　伝達事項は、主文と分けて、「記」のあとに箇条書きで書くようにする。
4　社内文書の本文には、前文と末文も省略せずにきちんと書く。
5　「追伸」は手抜きをしているようにも取られかねないため、追加で知らせ
　たいことがある場合には、書き直すようにする。

問題30　次は、秘書Aが行っているファイリングについての内容である。中
　から<u>不適当</u>と思われるものを一つ選びなさい。

1　更新される資料は、半年ないし1年に1度入れ替えるようにする。
2　バーチカルファイリングは、書類をとじないため、取り出しやすい。
3　1つのフォルダー内の書類を全部貸し出す場合は、紛失を防ぐため、フ
　ォルダーごと渡すようにしている。
4　ファイルを大分類、中分類と区切ったり、グループごとにまとめ、ガイ
　ドをつけている。
5　枚数が少なく、一時的な文書は、雑フォルダーにまとめている。

問題31　次は、秘書Aが行っている名刺整理に関する内容である。中から**適**
　当と思われるものを一つ選びなさい。

1　名刺整理簿は、一覧性があるものの、総量が少ない場合は不便である。
2　名刺は2枚もらうようにし、頻繁に使う整理箱のほかに予備ファイルを
　作っておく。
3　名刺を受け取ったら、できるだけすぐに、本人の前で、日付や紹介者、
　用件などを、裏に記入するよう心がけている。
4　受け取った名刺や使った名刺は、名刺箱のガイドの後ろに入れるように
　している。
5　住所や電話番号などの変更の連絡を受けた場合には、その人の名刺は雑
　名刺整理簿に移しておき、時間ができたときに、まとめて修正する。

問題32　次の「　　」の中の言葉遣いを、接客の際の**適当**な言い方に直しなさい。

1　面談場所がわからないお客様に対し、「受付で聞いてほしい」

2　お客様に食事をすすめるとき、「どうぞ、食べてください」

3　お客様に、上司が間もなく来ることを伝えるとき、「〇〇部長はすぐに来ます」

問題33　秘書Aは、上司の使いで取引先のB社長を訪ねた。次は、出迎えてくれたB社長にAがあいさつをしているところだが、マナーに反しているところが二つある。Aは、どのようにすればよいか、答えなさい。

記述問題：技能

問題34 封筒の宛名に、注意を表すために書き添える外脇付にはどのような
ものがあるか。「○○在中」のほかに三つ答えなさい。

問題35 次のものの数を数える場合の単位は何というか。漢字で答えなさい。

1　パンフレット

2　賞状

3　絵画

4　箸

5　いす

3級予想模擬試験《第2回》

必要とされる資質

問題1　次は、秘書Aが、自主的に心がけていることである。中から<u>不適当</u>と思われるものを一つ選びなさい。

1　規則正しい生活と睡眠で、つねに自分の体調に気をくばる。

2　書類の受け渡しは両手で行うようにし、手渡すときは相手に対する気遣いを怠らない。

3　どんな仕事であっても、所要時間の見積もりを立て、効率を考えて取り組む。

4　上司以外の人から仕事を頼まれた場合、上司の顔をつぶさないよう、極力優先して取り組む。

5　さっそうとした身のこなしを心がけ、無駄な動きはしないようにする。

問題2　次は、新人秘書Aが、秘書室に配属されるにあたり、考えていることである。中から<u>不適当</u>と思われるものを一つ選びなさい。

1　上司から指示を受けた仕事は、その質を高めるために、独自の進め方を考え、行うようにする。

2　上司の指示を待つだけでなく、書類や名刺などの整理は、自主的に行うようにする。

3　上司の指示があいまいだと感じたら、「私が聞き漏らしたかもしれませんが」など、言い方に気をつけながらも、その場で確認する。

4　上司から指示された仕事が私事であっても、すみやかに行動する。

5　上司から指示された連絡業務を終えたら、そのことをきちんと報告する。

問題3 上司の外出中、ほかの部署の上司から「できれば明日の午後4時から打ち合わせをしたいので時間を取ってほしい」と言われた。次は、秘書Aの対応である。中から**適当**と思われるものを一つ選びなさい。

1 上司に確認が必要なため、上司はあと1時間ほどで戻る予定なので、そのころに連絡し直してほしいと伝えた。

2 明日は3時半過ぎに友人と会うと言っていた。そのことを伝え、日時の検討をすすめた。

3 午前中ならば調整できる可能性が高いと思うと伝えた。

4 上司が戻ったら確認して連絡するので、少し待ってほしいと伝えた。

5 明日の約束は私事と聞いていた。上司ならば仕事を優先するはずなので、おそらく大丈夫だと伝えた。

問題4 次は、秘書Aが「情報」について考えていることである。中から<u>不適当</u>と思われるものを一つ選びなさい。

1 上司の関心事には日ごろから注意し、指示がなくても資料ファイルなどにまとめておこう。

2 新聞やテレビのニュースはできるだけチェックするようにしよう。

3 顧客データの入力、出力などのデータ処理能力の向上は、秘書の仕事とはあまり関係がない。

4 上司の意思決定材料として、必要に応じた情報を提供できるようになろう。

5 職場内だけでなく友人・知人のネットワークも大切にしよう。

問題5 次は、秘書Aが、機密保持の観点からとった行動である。中から<u>不適当</u>と思われるものを一つ選びなさい。

1 機密事項については、シチュエーションにかかわらず、だれにも言わないという気がまえを持つ。

2 公私の区別はきちんとつけ、仕事の内容については、うかつに口外しない。

3 仲のよい同僚であっても、正式な発表前の人事などについては、情報を知っていてもそれを匂わせない。

4 機密事項についての書類は、送付、コピー、保管のほか、破棄する際にも細心の注意を払っている。

5 別の部署の部長から、上司の最近の様子についていろいろと聞かれた。ふだんから上司が親しくしている部長なので、詳しく教えた。

職務知識

問題6　会社の部門などは機能により、ライン部門とスタッフ部門に分類される。次の組み合わせのうち、<u>不適当</u>なものを一つ選びなさい。

1　商品開発部　　＝　ライン部門
2　庶務部　　　　＝　スタッフ部門
3　秘書　　　　　＝　スタッフ部門
4　販売部　　　　＝　ライン部門
5　経理部　　　　＝　ライン部門

問題7　取引先から、「先日知らせた昼食会について、出欠の連絡をもらっていない。締め切りを過ぎているのだが」と連絡が入った。秘書Aはその案内を見ておらず、上司は出張中である。次は、Aがとった対応である。中から**適当**と思われるものを一つ選びなさい。

1　付き合いの長い取引先である。スケジュールは空いていたので、「念のためあとで確認はするが、一応出席にしておいてほしい」と伝える。
2　急いでいるということなので、「今回は特別に」と前置きして上司の宿泊先を教える。
3　上司に確認できてから回答したいとし、いつまで待ってもらえるか期限を確認した。
4　上司は、夕方6時には宿泊先に戻るはずなので、6時10分ごろまで返事を待ってほしいと伝えた。
5　自分ではわかりかねるので、上司に連絡を取り、返事をさせると伝えた。

問題8 上司の出張中に、得意先の副社長が急逝したと連絡が入った。秘書Aは上司の携帯電話に連絡しているが連絡がつかない。次は、Aの対応である。中から<u>不適当</u>と思われるものを一つ選びなさい。

1 故人と上司は大変親しくしていた。お悔やみの気持ちを早急に知らせなければならないため、すぐに弔電を手配した。

2 総務部に伝え、会社としての対応を確認した。

3 喪主や葬儀の日時などの確認をした。

4 上司から指示があれば、すぐに出かけられるよう香典などの準備をした。

5 社内で、故人と関係のあった部署や人に連絡をする。

問題9 次は、秘書Aが考えた「秘書としてあるべき姿」である。中から<u>不適当</u>と思われるものを一つ選びなさい。

1 上司のアシスタントという自覚を持って、仕事に取り組む。

2 自分が上司の仕事を代行できるようになれば、日常業務がもっと円滑に進むので、日々勉強している。

3 上司が仕事に専念できるように、補佐役としての準備を整えている。

4 上司が仕事に専念できるように、私的な用件も引き受ける。

5 上司とほかの社員との人間関係を良好に保つコミュニケーターとして、つねに他部署への連絡に気を配っている。

問題10 上司が取引先のD氏と電話しており、「それでは、明後日の14時によろしくお願いいたします」と言っているのが聞こえた。次は、秘書Aがとった対応である。中から**適当**と思われるものを一つ選びなさい。

1 「明後日の14時にD様とお会いになるのですね」と、すぐに確認する。

2 何か予定が入ったのだなと思い、スケジュール表に印をつけて、気をつけておく。

3 「予定がお決まりでしたら、教えてください」と言う。

4 「応接室の手配をいたしましょうか」と話しかける。

5 明後日の午後の予定をキャンセルしたほうがいいのでは、と進言する。

問題11 次は、用語とその説明の組み合わせである。中から<u>不適当</u>と思われるものを一つ選びなさい。

1　収益　＝　物・サービスを売ることで、会社が稼いだ金額
2　費用　＝　収益を得るためにかかった金額
3　負債　＝　借入金など、将来返済しなければならない債務
4　債権　＝　国・地方公共団体や会社が発行する借金証書
5　資産　＝　人や団体が所有する財産（現金、預金、債権、製品、土地、建物など）

問題12 次は、用語とその意味の組み合わせである。中から<u>不適当</u>と思われるものを一つ選びなさい。

1　インサイダー　　　＝　組織の内部の人
2　オーソリティ　　　＝　権威、権威者
3　スポークスマン　　＝　国や団体などの、意見を発表する人
4　デベロッパー　　　＝　開発者、開発業者
5　エグゼクティブ　　＝　経済の専門家

問題13 次は、マーケティング活動に関連した用語の説明である。中から<u>不適当</u>と思われるものを一つ選びなさい。

1　広告する際に、訴求効果が期待できる複数のメディアを組み合わせて展開することを「メディアミックス」という。
2　商品に関して消費者の調査を行うことを「コンシューマー・リサーチ」という。
3　製造コストや売上げ予測に基づいて、商品を製造する数や販売価格などを決めることを「販促計画」という。
4　「アイドマの法則」とは、消費者が商品に注意を向け、購買行動を起こすまでの心理過程を表したものである。
5　商品を販売したあとに、使用方法の説明や修理・メンテナンスなどのサービスを提供することを「アフターフォロー」という。

予想模擬試験

•••••
3
級
•••••
第
2
回

問題14 秘書Aは、うまく会話を進めるには、適切な言葉で感情を表すことが大切だと考えている。次の伝えたい感情と言葉の組み合わせの中から<u>不適当</u>と思われるものを一つ選びなさい。

1　同意　＝　承知いたしました
2　否定　＝　まさか、そんなことはございません
3　喜び　＝　それは何よりです
4　転換　＝　話は変わりますが
5　誘導　＝　それでどうなりましたか

問題15　次は、秘書Aが上司の話を聞くときに心がけていることである。中から<u>不適当</u>と思われるものを一つ選びなさい。

1　ほかの仕事をしている最中であったが、手を止めて聞くようにしている。
2　自分なりに上司の真意や目的がどこにあるかを考えながら聞くようにしている。
3　特に5W3Hについては、メモを取るようにしている。
4　よくわからないことがあったら、最後に確認するようにする。
5　上司に伝えるべきことを思い出した場合には、忘れないうちに手短に伝えるようにしている。

問題16　次は、秘書Aが電話応対で言った言葉である。中から<u>不適当</u>と思われるものを一つ選びなさい。

1　かけた相手が不在だったとき「こちらから、改めてお電話させていただきます」。
2　かかってきた電話でほかに話したい要件を思い出したとき「いただいたお電話で恐縮ですが」。
3　内線に取り次いでもらった電話に出るとき「はい、Aでございます」。
4　かけてきた相手が社名しか言わないとき「恐れ入りますが、B社のどちら様でいらっしゃいますか」。
5　上司の不在時に伝言を頼まれたとき「はい。では、ご伝言を承ります」。

問題17 次の中から、接遇用語として<u>不適当</u>なものはどれか。一つ選びなさい。（　）内は、その通常の言い方である。

1　わたくしども（自分たち）

2　ご用件（用事）

3　そちらの会社（相手の会社）

4　いたしかねます（できない）

5　不手際（ミス）

問題18 次は、秘書Aが上司（部長）に対して言った言葉である。中から<u>不適当</u>と思われるものを一つ選びなさい。

1　社長がお戻りになり、部長をお呼びになられています。

2　課長がお見えになっています。部長のご意見を伺いたいそうです。

3　お茶をお持ちしてよろしいでしょうか。

4　総務部長は、先ほど退社されたそうです。

5　人事部長からの問い合わせについて、お返事はいかがいたしましょうか。

問題19 次は、秘書Aが来客から名刺を受け取る際に心がけていることである。中から<u>不適当</u>と思われるものを一つ選びなさい。

1　名前の読み方がわからない場合には、「恐れ入ります、お名前はどのようにお読みすればよろしいでしょうか」と丁寧に尋ねるようにしている。

2　名刺を受け取るときは、相手の目をしっかり見て両手で受け取るようにしている。

3　名刺を受け取ったら、胸の高さに両手で持つようにしている。

4　初対面の人から「取り次いで欲しい」と名刺を渡されたときは、その場で「お預かりします」と言って受け取るようにしている。

5　来客から預かった名刺を上司に渡すときには、会社名や名前が上司から見やすい向きにするようにしている。

問題20　次は、敬語を使う場合の、通常の言葉とその尊敬語の組み合わせの例である。中から不適当と思われるものを一つ選びなさい。

1　言う　　＝　おっしゃる
2　もらう　＝　頂戴する
3　聞く　　＝　お耳に入る
4　食べる　＝　召し上がる
5　見る　　＝　ご覧になる

問題21　次の賀寿の中で、最も年齢が高いものを選びなさい。

1　古稀
2　卒寿
3　傘寿
4　米寿
5　喜寿

問題22　次は、不祝儀袋の上書きと使用する場面の組み合わせである。中から不適当なものを一つ選びなさい。

1　御仏前　　＝　仏式の法要
2　志　　　　＝　キリスト教式の葬儀
3　御玉串料　＝　神式の葬儀
4　御ミサ料　＝　カトリックの場合の葬儀
5　御布施　　＝　葬儀や法事でお寺や僧侶にお礼を渡すとき

問題23　次は、祝賀行事などに出席するときの服装である。正装とその略式の組み合わせの中から不適当と思われるものを一つ選びなさい。

1　イブニングドレス　　＝　カクテルドレス
2　燕尾服　　　　　　　＝　タキシード
3　アフタヌーンドレス　＝　スーツ
4　モーニング　　　　　＝　ダークスーツ
5　留袖　　　　　　　　＝　中振袖

問題24 次は、形式別の会議の種類についての記述である。名称とその説明の組み合わせが**適当**なものを一つ選びなさい。

1　円卓会議　　　　　　　＝　20人程度までの少人数で机を囲み、自由に意見を出し合う。席次はこだわらない。

2　シンポジウム　　　　　＝　異なる意見を持つ参加者が、聴衆の前で議論を交わす。

3　パネルディスカッション　＝　会議のテーマに詳しい専門家が、聴衆に向けて意見を発表する。聴衆があとで議論に参加することもある。

4　フォーラム　　　　　　＝　小グループに分かれて話し合ったあと、グループのリーダーが集まり、意見を発表し合う。

5　バズセッション　　　　＝　討論形式で、原則として公開で行われる。

問題25 次は、上司が会議に招集された場合に、秘書Aが行うことである。中から**不適当**と思われるものを一つ選びなさい。

1　会議の連絡を受けたら、上司に報告し、スケジュールを確認する。

2　開催者の指示に従い、出欠を知らせる。

3　必要な資料を準備する。

4　会議の場所を確認し、必要に応じて車を手配する。

5　会議終了後は、上司に内容について確認し、メモしておく。

問題26 次は、社外文書に記す時候のあいさつの例である。中から10月のあいさつとして**不適当**なものを一つ選びなさい。

1　灯火親しむ候

2　新秋の候

3　紅葉の候

4　秋晴の候

5　清秋のみぎり

問題27　次は、秘書Ａがメモをとるときに心がけていることである。中から不適当と思われるものを一つ選びなさい。

1　報告すべきこと、相手が言ったことを正確に書く。
2　要点が複数ある場合は、わかりやすく箇条書きにする。
3　５Ｗ３Ｈを意識する。
4　聞きながらメモをしたら、復唱して確認する。
5　記憶が新しいうちに読み返し、感じたことを補足する。

問題28　次は、出版物に関する用語とその説明の組み合わせである。中から不適当と思われるものを一つ選びなさい。

1　落丁　＝　書籍などで、一部ページ順に誤りがあること
2　合本　＝　複数の本やバックナンバーを合わせて一冊にしたもの
3　再版　＝　既刊の出版物を再び同様の形で発行すること
4　改訂　＝　既刊の出版物の内容に変更を加えて発行すること
5　絶版　＝　一度出版した書籍の発行・販売を中止すること

問題29　次は、秘書Ａが郵便物の扱いとして気をつけている内容である。中から適当と思われるものを一つ選びなさい。

1　上司宛てに届いた郵便物に、「親展」とあっても、開封して中身を確認してから渡すようにしている。
2　現金を送る場合、現金書留に手紙を同封することはできないので、別の封書で発送している。
3　「取引先の社長に食事をご馳走になったから、礼状を出しておいてくれ」と指示された場合、相手が重役以上だとハガキでは失礼なので、封書で出すようにしている。
4　上司宛てに届いたＤＭ（ダイレクトメール）については、上司の役に立ちそうなものや興味がありそうなものだけを選んで渡すようにしている。
5　開封した郵便物は、見やすいように受取日順に並べて手渡すようにしている。

問題30　次は、室内環境の整備についての内容である。中から**適当**と思われるものを一つ選びなさい。

1　応接室には、感情を和やかにさせるといわれる緑色が適している。

2　役員室や会議室には、青系統の色が適している。

3　ドアの開け閉めの音を軽減したり、閉め忘れがないよう、ドアチェック（ドアクローザー）をつける。

4　事務室の照明に適した照度は、500 〜 200ルクスである。

5　室内の湿度は、年間を通じて30 〜 40％がよい。

問題31　ビジネス文書を書く場合の、頭語と結語の組み合わせのうち、<u>不適当</u>なものを選びなさい。

1　拝啓　＝　敬具

2　謹啓　＝　謹白

3　前略　＝　敬具

4　拝復　＝　敬白

5　急啓　＝　不一

記述問題：マナー・接遇

問題32　秘書Aは、上司の〇〇部長から、打ち合わせのために取引先のD氏に来社してもらうよう指示された。AがD氏に電話で話した次の言葉の中で言葉遣いの不適切な部分が四つある。**適当**な言葉遣いに直して答えなさい。

「①〇〇部長が、打ち合わせのため、D様に②来てほしいと③申しております。④すみませんが、⑤都合の⑥よい日時を⑦お聞かせ⑧くださいますか」

問題33　秘書Aは、上司の部長（田中一郎）から、常務（鈴木隆）と一緒に共通の知人の事務所開設パーティーに出席するので、連名で祝儀袋を用意するように指示された。どのように記入するか、書きなさい。上書きは「御祝」とし、役職名は書かなくてよい。

記述問題：技能

問題34　用紙の大きさについて述べた次の記述で、空欄に入る言葉を答えなさい。

1　A判とB判があるが、国際標準規格は（　　）判である。

2　判型の数字が同じであれば、（　　）判のほうが大きい。

3　A4の半分の大きさが（　　）である。

問題35　複数枚の会議資料をステープラ（ホチキス）でとじる場合、適切な位置を記入しなさい。A4用紙で横書き、とじるのは1カ所とする。

2級予想模擬試験《第1回》

必要とされる資質

問題1 次は秘書Aが、秘書の身だしなみとして心がけていることである。中から<u>不適当</u>と思われるものを一つ選びなさい。

1 濃い色の口紅やマニキュアは避け、自然で健康的な化粧をする。
2 髪は肩にかからない程度の長さが好ましいが、ロングヘアのときは束ねるか、ピンでとめてまとめるようにする。
3 スーツだけでなく、TPOに合わせて着られる服装をそろえておく。
4 靴は、中ヒールのパンプスなど、動きやすいものを選ぶ。
5 アクセサリーは、秘書の仕事には不要なので、つけてはならない。

問題2 次は秘書Aが、上司の仕事の手助けや身の回りの世話をするために考えたことである。中から<u>不適当</u>と思われるものを一つ選びなさい。

1 新聞や雑誌、テレビ、インターネットなどを通して、上司の業務に関連する情報を集め、必要に応じて提供できるようにしよう。
2 来客の顔と名前、会社名、所属部署、上司との関係などは、確実に覚えるようメモにとり、尋ねられたらすぐ答えられるようにしよう。
3 ほかの仕事に追われている場合であっても、上司から私的な用事を頼まれたときは何よりも最優先で取り組もう。
4 上司の指示内容にミスがある場合は、「私の間違いかもしれませんが…」と、謙虚な言い方で上司に確認しよう。
5 上司からの指示を待つだけでなく、その場の状況を読み取り、過去の同様な場面での上司の行動を考えて準備できるようにしよう。

問

問題3　次は、秘書Aの職場での発言または対応である。中から**適当**と思われるものを一つ選びなさい。

1　上司は出張帰りで疲れているにもかかわらず、仕事がたまっているようなので、「何かお急ぎのご用はおありでしょうか。私にできることがありましたらいたしますが…」と言った。

2　上司が感謝の気持ちとして、出張帰りに駅でお土産を買ってきてくれたが、自分は秘書としてあたり前のことをしているだけだからと言って、受け取らなかった。

3　先輩秘書から、同僚たちにうまく溶け込めていないのではと尋ねられたが、そのようなことはないので、心配しないでほしいと言った。

4　上司（部長）の指示で2時間後の会議の資料を作成しているとき、常務から「至急この文書の校正を頼む」と言われたが、資料の作成を優先した。

5　上司が新任の部長と交代したとき、しばらくは前任の部長のやり方で仕事をし、注意を受けてから新任部長のやり方に合わせるようにした。

問題4　秘書Aは、他部署から異動してきた新任秘書Dに、秘書として適切な行動をとるように注意した。次は、そのときAが言ったことである。中から<u>不適当</u>と思われるものを一つ選びなさい。

1　指示された仕事を、責任を持って最後までやり通したい気持ちはわかるが、状況に応じて周囲の人に助けを求め、決められた時間までに仕事を終わらせることのほうが重要だ。

2　上司から指示された仕事が終了したら、秘書課長にではなく、その指示を出した上司に終了の報告をすること。

3　秘書には、上司と社外・社内の関係者との人間関係のパイプ役としての役割もある。そのためには、積極的に交流を図り、多くの人から信頼を得ることが必要だ。

4　上司が自分より上位職にある人に対する愚痴などを口にしたときは、その気持ちに寄り添い、「私もそう思います」と同意することが大切だ。

5　秘書は立場上、正式な発表前に人事異動や組織変更などの機密事項を知ることがあるが、たとえ知っていても、人から尋ねられたときは「私は知る立場にありません」と答えること。

問題5　秘書Aは、来客と面談中の上司（山田部長）から、「よほどのことが
ない限り、ほかの来客や電話は取り次がないように」と指示されていたが、
その面談中、取引先から「先日の件で至急、山田部長に確認したいことが
ある」との電話が入った。Aの対応として、中から**適当**と思われるものを
一つ選びなさい。

1　このまま少々お待ちくださいと言って電話を保留にした上、上司を呼び
　出してすぐに電話に出てもらう。

2　しばらくお待ちくださいと言って電話を保留にし、取引先から先日の件
　で、至急山田部長に確認したいとの電話が入っているがどうするかと、
　メモに書いて上司に渡す。

3　来客と面談中であることを告げ、面談が終了次第、こちらから電話する
　と言う。

4　上司から取り次がないように言われていることを正直に告げ、あとでこ
　ちらから電話すると言う。

5　本当の理由は告げず、上司は現在外出中であるなどとぼやかして、あと
　でもう一度かけ直してもらう。

予想模擬試験

・・・・・
2級
・・・・・
第1回

問題6 次は秘書Aが、上司の許可や指示がなくても行えるものとしていることである。中から<u>不適当</u>と思われるものを一つ選びなさい。

1 上司の出身地や母校、現住所、家族構成、趣味、好きな飲食物などを覚えること。
2 上司の主治医の電話番号、保険証の番号などを控えておくこと。
3 取引先の担当者の転任や退職などの事実を知ったとき、名簿などを訂正すること。
4 取引先から中元や歳暮が届いたとき、礼状を書いて出すこと。
5 上司の不在中、上司の部下から急ぎの決裁を求められたとき、すでに上司が内容を把握している場合は、預かった判で押印すること。

問題7 秘書Aの上司は出張中で、戻るのは明後日である。次は、そのとき留守を預かっていたAが行ったことである。中から<u>不適当</u>と思われるものを一つ選びなさい。

1 他部署の部長から上司に直接会わせたい人がいると連絡があったので、上司は出張中であることを告げ、どうするか相談した。
2 取引先のF部長が転勤のあいさつに来訪したので、上司は出張中であることを告げ、F部長の都合のよい日を聞いた上、こちらから連絡すると言った。
3 本部長が明日までに上司に直接確認したいことがあると言ってきたので、本部長に連絡するよう上司に伝えておくと答えた。
4 取引先の担当者から、上司に契約書の内容を確認してもらいたいという電話があったので、上司は留守だからこちらからまた連絡すると言った。
5 上司宛ての速達を開封していたら、返事を急いでいるZ社からの文書があったので、Z社を担当している課長に対処について相談した。

問題8 次は秘書Aが、職務として行ったことである。中から**適当**と思われるものを一つ選びなさい。

1 上司のその日の予定が急に変更になったので、その予定に関係している課長に、電子メールで変更を伝えた。

2 P社に宅配するよう指示された書類を誤ってX社に送ってしまったので、X社に謝罪し、P社に転送してもらえないかと頼んだ。

3 上司が電話中、約束の日時を間違えていたので、「予定表では木曜の1時となっておりますが」と、正しい日時をメモに書いて知らせた。

4 上司の社用のメールアドレスを変更したところ、取引先の部長から「メールが送れないので新しいアドレスを教えてほしい」と言われたが、上司に確認してから連絡すると答え、教えなかった。

5 家族に不幸があった課長に、会社からの弔電は必要かと尋ねた。

問題9 秘書Aの上司は、できたばかりのH支店に長期出張することになった。次はその準備としてAが行ったことである。中から**不適当**と思われるものを一つ選びなさい。

1 今回の出張の目的をH支店の担当者に尋ね、上司に報告した。

2 宿泊先は、交通の便や設備などを考慮した上、会社の内規に従ってグレードなどを決定した。

3 経理部に出張旅費の仮払いを申請した。

4 H支店に送付しておく資料などがないか、上司に確認した。

5 H支店の担当者に、上司の好みの飲食物などを伝えた。

問題10　秘書Aの上司（営業部長）は、「12時に出先から電話する」と言って取引先との会合に出かけた。11時半ごろ営業会議担当者から、「今日、部長に出席をお願いしている午後1時からの会議が、3時に変更になった」と連絡が入った。ところが、上司は3時から来客との面談予定がある。この場合、Aはどのように対処すればよいか。中から**適当**と思われるものを一つ選びなさい。

1　営業会議担当者に、代理の者を必ず出席させると約束する。

2　営業会議担当者に事情を説明し、来客が帰り次第、必ず出席するよう上司に伝えると言う。

3　営業会議担当者に今日の会議の内容を尋ね、重要であると判断した場合には、すぐに上司に電話する。

4　営業会議担当者に事情を説明し、12時に上司から電話が入る予定なので、そのときまで出欠の返事を待ってほしいと頼む。

5　営業会議担当者に、会議への出席は無理であると明確に答える。

一般知識

問題11　次の用語または略語の説明の中から、<u>不適当</u>と思われるものを一つ選びなさい。

1　「円高」とは、外国通貨の価値に比べて円の価値が高くなることをいい、たとえば、1ドル110円の相場が100円になるような場合がこれにあたる。

2　「経済成長率」とは、GDP（国内総生産）の伸び率のことをいい、景気の動向を判断する目安となる。

3　「M&A」とは、企業の合併と買収を意味する略語である。

4　「規制緩和」とは、公営事業の民営化や貿易の自由化など、産業や事業に対する政府による規制を緩和することをいう。

5　「CI」とは、執行役員制度における最高経営責任者を意味する略語である。

問題12　次は、用語とその意味の組み合わせである。中から<u>不適当</u>と思われるものを一つ選びなさい。

1　ロイヤリティー　　＝　登録商標や特許などの使用料
2　アウトソーシング　＝　業務の外部委託
3　コンプライアンス　＝　危機管理
4　クライアント　　　＝　依頼者
5　エージェンシー　　＝　代理店

問題13　次は、直接関係のある用語の組み合わせである。中から<u>不適当</u>と思われるものを一つ選びなさい。

1　上場企業　　　＝　証券取引所
2　パブリシティー　＝　株主
3　損益計算書　　＝　財務諸表
4　人事考課　　　＝　査定
5　就業規則　　　＝　労働条件

マナー・接遇

問題14　次は、弔事に関する用語とその意味の組み合わせである。中から<u>不適当</u>と思われるものを一つ選びなさい。

1　密葬　　　　＝　家族など近親者だけで行う葬儀のこと
2　喪中　　　　＝　故人の身内がその死を悼んで喪に服す期間のこと
3　弔辞　　　　＝　遺族に対して電報で伝える弔意のこと
4　精進落とし　＝　火葬のあと、近親者や僧侶などで行う会食のこと
5　香典返し　　＝　香典を受けた返礼として贈る物のこと

予想模擬試験

2級

第1回

問題15　次は秘書Aが、贈答に関する業務について新人秘書Bに教えたこと
　　である。中から不適当と思われるものを一つ選びなさい。

1　中元や歳暮の品物を取引相手の個人宅に送るときは、年齢や病気の有無
　　などを考慮する。

2　中元は、一般的に7月初旬から7月15日までに届くようにする。

3　病気見舞いとして、入院した人に現金を贈ることもできる。

4　初めて贈り物をする相手には、高価な品物を選ぶとよい。

5　取引先からの中元や歳暮、香典返しに対するお返しは不要である。

問題16　次の「　」内は、秘書Aの上司（部長）に対する言葉遣いである。
　　中から適当と思われるものを一つ選びなさい。

1　明日の会議に出席するかと尋ねるとき
　　　「明日の会議にはご出席になられますでしょうか」

2　書類を見るかと尋ねるとき
　　　「こちらの書類を拝見なさいますか」

3　社長が会社に戻ったという連絡が入ったことを伝えるとき
　　　「社長がお戻りになられたと連絡がございました」

4　上司に見てもらいたい資料があるとき
　　　「こちらの資料にお目通しいただけますか」

5　取引先に何時に行くのかと尋ねるとき
　　　「取引先には何時に参られますか」

問題17　次は秘書Aが、ホテルで行われた先輩Cの結婚披露宴に招待された
　　ときに行ったことである。中から不適当と思われるものを一つ選びなさい。

1　コートはクロークに預け、小さなハンドバッグだけを持って会場に入った。

2　隣の席が先輩Cの友人だったので、自分から自己紹介をして歓談した。

3　食事中にフォークを落としたが、自分では拾わず、係りの人に合図して
　　新しいものと交換してもらった。

4　席を立つとき、隣の人に「ちょっと失礼します」と声をかけた。

5　先輩Cにお祝いの言葉を述べたあと、だれもあいさつに来ないようなの
　　で、仕事で気になっていることをCに小声で相談した。

問題18 次は秘書Aが、電話応対で心がけていることである。中から<u>不適当</u>と思われるものを一つ選びなさい。

1　電話をかけてきた相手が名乗らないときは、「失礼ですが、どちらさまでしょうか」と尋ねて名前を確認する。

2　間違い電話でも「何番におかけでしょうか。私どもの番号は○○○○ですが…」と、応対する。

3　上司に取り次ぐときは、すぐ近くにいる場合でも、保留ボタンを押す。

4　こちらからかけた電話が、相手のミスで途中で切れてしまったときは、相手からかかってくるのを待つ。

5　電話の声が聞き取りにくいときは、「恐れ入りますが、お電話が少々遠いようですが…」と言う。

問題19　秘書Aは、上司と来客（取引先のS部長とその部下T）との面談に同席するよう指示された。下の図の応接室を使用する場合、それぞれどの席に座るのがよいか。中から**適当**と思われるものを一つ選びなさい。

1　S部長…③　部下T…④
　　上司……①　秘書A…②
2　S部長…①　部下T…②
　　上司……③　秘書A…④
3　S部長…①　部下T…④
　　上司……③　秘書A…②
4　S部長…③　部下T…①
　　上司……④　秘書A…②
5　S部長…①　部下T…③
　　上司……②　秘書A…④

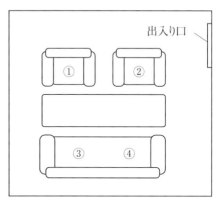

出入り口

問題20　次は秘書Aが、葬儀（仏式）に参列するときに行っていることである。中から**不適当**と思われるものを一つ選びなさい。

1　ネックレスは、真珠の一連のものにしている。
2　受付では無言で香典を差し出すようにしている。
3　顔見知りの人と出会っても話しかけず、会釈程度にしている。
4　焼香するときは遺族や僧侶に一礼し、焼香をすませたら再び遺族に一礼してから席に戻るようにしている。
5　受付を手伝う場合でも香典は用意し、会葬者が少ないうちに焼香をすませるようにしている。

問題21　次は、秘書Aが新人秘書Cに注意するときに気をつけている内容である。中から**不適当**と思われるものを一つ選びなさい。

1　上司からCのミスを指摘された場合、すみやかに「私の指導が至りませんでした」とわびるようにしている。
2　注意するときは1回につき、1件だけにしている。
3　ミスをした場合に、時間をおかず注意したほうがいい場合とそうでない場合があるので、タイミングを考えるようにしている。
4　Cが理解しやすいように、ミスをした理由について、具体的な解決策を示すようにしている。
5　Cのモチベーション維持のためにも、名誉挽回のチャンスをつくるようにしている。

問題22　次は秘書Aが、上司に報告するときに行っていることである。中から**不適当**と思われるものを一つ選びなさい。

1　報告する事項がいくつかある場合は、急ぐもの、重要なものを先にする。
2　「……です」「……になります」などと、言い切る形で明確に話す。
3　製品発表会などに行き、その内容を報告する場合には、事実だけでなく、感想を自分から積極的に述べる。
4　日時や数量などを報告するときは、メモを活用する。
5　途中の経過よりも、大事な結論から先に報告する。

問題23 次は秘書Aが、後輩の秘書に注意するときに心がけていることである。中から不適当と思われるものを一つ選びなさい。

1　感情的にならないよう、考えを整理してから注意する。

2　まず上司と相談し、了承を得てから注意する。

3　なぜ注意されているのか納得できるよう、根拠を示す。

4　よい点があれば、その部分を褒めてから注意する。

5　自尊心を傷つけないよう、ほかの秘書と比較したりしない。

技能

問題24 次は秘書Aの上司が、外部の人を会社に招いて会議を開催したときにAが行ったことである。中から不適当と思われるものを一つ選びなさい。

1　会議中に映像を見せることが予定されていたので、プロジェクターの設置されている部屋を会場に選定した。

2　お互いに顔見知りでない社外の人が多数参加するので、机上に置くネームプレートを用意した。

3　資料は、上司の指示を受けて参加者に郵送で事前配布していたが、忘れてきた人のために予備を用意しておいた。

4　会議中の参加者にかかってきた電話は、場外の受付係が受け、伝言をメモにしてAがその参加者に渡すようにした。

5　遅刻してきた参加者については、休憩時間になるまで場外のロビーで待ってもらうことにした。

問題25 次は、文書とその意味の組み合わせである。中から不適当と思われるものを一つ選びなさい。

1　照会状　＝　自分の知り合いを別の知り合いに引き合わせるときに持参させる文書

2　委任状　＝　会議に出席できないとき、ほかの出席者に一定の事項の決定について委任することを記した文書

3　議事録　＝　会議の記録をまとめた文書

4　稟議書　＝　決定権のある役職者に決裁を求めるための文書

5　始末書　＝　事故や不始末の顛末を書いてわびる文書

問題26　次は、秘書Aが行っている郵便物の取り扱い方法である。中から不適当と思われるものを一つ選びなさい。

1　私信のほか、「親展」や「書留」で届いたものは、開封せずに上司に渡している。
2　ダイレクトメールについては、上司に見せる必要がないと思われるものは処分している。
3　祝賀会の招待状は、同じものを多数まとめて送ることになるので、「料金別納郵便」で送っている。
4　香典は「現金書留」とし、悔やみ状も同封して送っている。
5　急いで送り届けたい重要書類は、「簡易書留」にした上で「速達」で送っている。

問題27　次は秘書Aが、文書を作成したときに宛名につけた敬称である。中から不適当と思われるものを一つ選びなさい。

1　団体宛てに出すとき「M百貨店G支店　お客様係御中」
2　個人宛てに役職名をつけて出すとき「株式会社K営業部　佐藤部長殿」
3　同じ文書を複数の人宛てに出すとき「株式会社P出版　企画部各位様」
4　上司の恩師（中村幸彦）宛てに出すとき「中村幸彦先生」
5　実家（渡辺家）に帰省している先輩（田中恵子）宛てに出すとき
　　「渡辺様方　田中恵子様」

問題28　次は秘書Aが、上司のスケジュール管理として行っていることである。中から不適当と思われるものを一つ選びなさい。

1　パソコン上で管理して社内関係者が確認できるようにしているときは、病院通いなどの私的な予定は入力しない。
2　翌日の予定は前日の午後までに作成し、上司への確認をすませる。
3　株主総会や入社式などの大きな行事の日程が変更になった場合は、自分の管理している予定表を変更してから、上司に報告する。
4　社内の定例会合がほかの予定と重なったときは、定例会合のほうを優先するようにする。
5　上司が自分で予定を変更していないか、確認することを怠らないようにする。

問題29 次は、時候のあいさつとそのあいさつが使える月の組み合わせである。中から不適当と思われるものを一つ選びなさい。

1 立春の候 ＝ 2月

2 新春の候 ＝ 4月

3 新緑の候 ＝ 5月

4 向暑の候 ＝ 6月

5 残暑の候 ＝ 8月

問題30 次は、「秘」文書の取り扱いについて述べたものである。中から不適当と思われるものを一つ選びなさい。

1 「秘」文書の取り扱い中に席を離れるときは、鍵のかかる引き出しにしまっておく。

2 「秘」文書を持ち歩くときは、無地の封筒に入れて、「秘」文書であることがわからないようにする。

3 「秘」文書をコピーするときは、必要部数だけにして、ミスコピーはシュレッダーにかける。

4 「秘」文書を貸し出すときは、上司の許可を得た上で、「文書受け渡し簿」に署名・捺印をしてもらってから貸し出す。

5 「秘」文書を社外に郵送するときは、「親展」にして普通郵便で出す。

問題31 次は秘書Aが、日常の業務として行っていることである。中から不適当と思われるものを一つ選びなさい。

1 カタログは年1回は点検し、自社のものも他社のものも、保管する必要がないと思われる古いものは廃棄している。

2 雑誌の最新号が届いたときは、受け入れ日を控え、社印を押してから前号と入れ替え、つねに最新号を出しておくようにしている。

3 会社にかかわりのある新聞記事をコピーして配布するときは、目的の記事を太線で囲んでわかりやすくしている。

4 ファックス送信する場合、文字が小さいときは、拡大コピーをしてから送信するようにしている。

5 初対面の人から名刺を渡されたときは、会った日付、面談の要件、その人の容姿の特徴などを名刺の余白に書き込むようにしている。

予想模擬試験

・・・・・
2級
・・・・・
第1回

問題32 次は、秘書Ａが接客の際に言った言葉である。下線部分を丁寧な言葉に直して答えなさい。

1 来客に席をすすめるとき

「どうぞ、<u>こっち</u>に<u>座ってください</u>」
　　　　 a　　　 b

2 来客を待たせるとき

「<u>すみません</u>。<u>ちょっと待ってください</u>」
　 a　　　　　 b

3 自分たちではわからないと言うとき

「恐れ入りますが、<u>わたしたち</u>では<u>わかりません</u>」
　　　　　　　　　 a　　　　　 b

問題33 秘書Ａは、取引先の専務の息子の結婚祝いを用意するよう上司から指示を受けた。次のそれぞれに答えなさい。

1 現金を入れる袋は、 a 、 b のうちどちらか。
2 上書きはどのように書けばよいか。漢字で答えなさい。

a

b

3 袋の裏側のたたみ方は、 c 、 d のうちどちらか。

c

d

記述問題：技能

問題34 社交文書で次のような気持ちを表したい場合、どのように言うのがよいか。□□内に漢字で**適切**な言葉を書きなさい。

1 面会してもらいたい

「何卒、ご□□くださいますようお願い申し上げます」

2 今までにも増して引き立ててもらいたい

「今後とも、倍旧のご□□を賜りますようお願い申し上げます」

3 お体を大切にしてくださいと言いたい

「時節柄、ご□□のほどお祈り申し上げます」

問題35 秘書Aは、上司から下のような返信はがきを渡され、「出席で出してもらいたい」と指示された。この場合、どのように書けばよいか。はがきに書き入れなさい。

2級予想模擬試験《第2回》

必要とされる資質

問題1 次は秘書Aが、秘書としてどうあるべきか、日ごろから心がけていることである。中から**不適当**と思われるものを一つ選びなさい。

1 一つの仕事に集中し、最後まで自分でやり通す姿勢を大切にしよう。

2 初対面の人であっても、にこやかに話をしよう。

3 仕事が重なっても、あわてず冷静に処理しよう。

4 上司と意見が異なったとしても、指示されたことには素直に従うようにしよう。

5 上司でなくともできる日常的な業務は、指示がなくても自発的に取り組むようにしよう。

問題2 次は、秘書Aが、秘書としての自己啓発について考えたことである。中から**不適当**と思われるものを一つ選びなさい。

1 敬語を正しく使えるのはあたり前なので、それに加え、ときにはユーモアとウィット（機知）に富んだ応対ができるようになろう。

2 政治や経済、社会の動きなどについては、ニュースでとり上げられている程度のことは最低限チェックしておこう。

3 仕事に直接関係がない教養については、特に学ぶ必要はない。

4 英会話は、堪能であるに越したことはないが、高校レベルくらいはできるように勉強しておこう。

5 会社の業務に関する専門知識について、勉強不足なので業界紙に目を通すことを日課にしよう。

問題3 次は、新人秘書に対して、秘書Aが秘書の仕事について、話したことである。中から不適当と思われるものを一つ選びなさい。

1 「秘書は、上司が重要な仕事に専念できるように一部の仕事を代行します」
2 「複雑な内容の仕事については、全体の内容を理解した上で、スケジュールを立てましょう」
3 「複数の仕事が重なった場合は、重要度やかかる時間などを考慮して優先順位を決めます」
4 「報告は、先に結論を次に経過を手短に伝えます」
5 「報告では、事実に基づいた内容を正確に伝えます。意見や感想を添えるときは、はっきり区別して伝えます」

問題4 次は、秘書Aが秘書の職務だと考え、積極的にとり組んでいることである。中から不適当なものを一つ選びなさい。

1 複数の指示を受けたときに、わかる範囲で優先順位を決める。
2 社会や経済情勢について学ぶ。
3 上司に意見を求められたら、立場をわきまえた上で意見を述べる。
4 上司が恥をかかないよう、作成資料の内容に誤りがあれば修正しておく。
5 日常業務の合理化を進めるための工夫をする。

問題5 上司（部長）の外出中に取引先から電話が入り、「先日、部長にお世話になったのでお礼の品を贈りたい。自宅の住所を教えてほしい」と言われた。次は、そのときの秘書Aの応対である。中から**適当**と思われるものを一つ選びなさい。

1 よく知っているお得意様だったので、住所を教えたが「ほかの人には教えないでほしい」と頼んだ。
2 「申し訳ないが、会社の決まりで自宅の住所などは教えられないことになっている」と応対した。
3 「上司に確認するため、あとで連絡をもらいたい」と応対した。
4 「自宅の住所などは教えられないので、会社宛てに送ってもらいたい」と応対した。
5 「たぶん自宅の住所を教えても問題ないと思うが、念のため部長に確認をとってから連絡する」と応対した。

職務知識

問題6 次は、秘書Aが日常業務の中で行ったことである。中から**適当**と思われるものを一つ選びなさい。

1 他部署の部長が「打ち合わせが終わったので紹介だけ」と外部の人を連れてきたが、上司が不在だったため、名刺を預かった。

2 コピーをとって提出しておくようにと渡された資料にケアレスミスがあった。上司が離席していたので、修正して提出しておいた。

3 係長が「先ほど受け取った書類に部長の押印が1カ所抜けていた」と持ってきたが、上司（部長）は外出したあとだった。急ぎだというので、社用の認印で押印した。

4 上司の不在中に、所属する業界団体の会合が臨時で開かれると連絡があり、出欠を問われた。日ごろより、極力出席するようにしていること、スケジュール上問題ないことから、出席すると伝えた。

5 上司の不在中に他部署の課長から手伝いを求められたが、「上司の了解がないと受けられない」と断った。

問題7 次は、秘書の分類とその説明の組み合わせである。中から<u>不適当</u>と思われるものを一つ選びなさい。

1 個人つき秘書 ＝ 特定の上司1人につく専属秘書

2 秘書課秘書 ＝ トップマネジメントにつく秘書

3 秘書課秘書 ＝ 直属の上司は、秘書課長（秘書室長）

4 チームつき秘書 ＝ プロジェクトチームでチーム内の秘書的業務を担当する

5 兼務秘書 ＝ 秘書としての仕事のほか、部署の一員としての仕事も行う。部員としての仕事が優先である

問題8　次は、秘書Aが仕事の合理化の観点から行うようにしている内容である。中から<u>不適当</u>と思われるものを一つ選びなさい。

1　業務マニュアルの作成は標準化の観点から重要なので、積極的にすすめる。

2　業務マニュアルは自分の仕事の効率を上げるために作成するものなので、新人秘書に見せる必要はない。

3　定型化しつつある業務についても、作業手順などを見直すようにしている。

4　最近、定期的に入るようになった業務については、かかった時間を計るようにしている。

5　上司に相談しながら、ＯＡ機器を活用し、保管している情報のデータベース化を進めている。

問題9　次は、最近、仕事が重なって非常に疲れている様子の上司（営業部長）に対し、秘書Aがとった対応である。中から**適当**と思われるものを一つ選びなさい。

1　仕事を抱えすぎていると感じたので、上司の仕事を手伝う体制をつくるよう、営業課長にお願いした。

2　上司に、「思い違いかもしれませんが」と前置きし、健康状態について自分が感じていることを伝えた。

3　「部長が体調を崩されては大変です」と心配していることを伝え、主治医に検診の予約を入れた。

4　面談の申し込みについては、緊急かつ重要なものでない限り、丁重に断わった。

5　「あとの仕事は私どもで処理しておきますから、今日は早くお帰りになってください」と帰宅をすすめる。

問題10　次は、出張中の上司が交通事故に巻き込まれたと連絡を受けた秘書Aがとった行動である。中から<u>不適当</u>と思われるものを一つ選びなさい。なお、まだ詳しい状況はわからないものの、軽傷だという情報は入っている。

1　現在の状況を上司の家族に伝えた。

2　社内の人たちへの連絡・説明をどうするか、秘書室長と相談した。

3　直近の予定については、秘書室長と相談の上、キャンセルの連絡をした。

4　スケジュール表から緊急を要するものがないか確認し、対応策などについて、上司の代行者に報告した。

5　仕事については同僚に頼み、できるだけ早く出張先におもむく。

一般知識

問題11　次は、株式会社について述べたものである。中から**適当**と思われるものを一つ選びなさい。

1　その株式会社の株式を最も多く所有している人が、代表取締役となる。

2　株主とは、会社の出資者として経営にあたり、責任を負うべき立場である。

3　株主は「有限責任」であり、株式の購入時に代金を払う以外、会社の負債についての責任などはない。

4　株式会社の利益は、従業員に対し、配当される。

5　株式会社自体が「有限責任」であり、負債の返済義務があるのは、所定の範囲内に限られる。

問題12　次の役職のうち、「ミドルマネジメント」と呼べるものはどれか。中から**適当**と思われるものを一つ選びなさい。

1　代表取締役社長

2　専務取締役

3　係長

4　主任

5　部長

問題13　次は、人事・労務に関係する用語の説明である。中から不適当と思われるものを一つ選びなさい。

1　労働条件や制度を整備し、管理することを「労務管理」という。

2　採用された従業員は、その企業で定年まで働くことができる制度のことを「終身雇用制度」という。

3　「就業規則」とは、労働条件や人事制度、服務規程などについて、会社が定めた規則のことである。

4　「出向」とは、在籍する場所を子会社や関連会社に移すことをいう。

5　勤務時間は決められているが、出社や退社の時間を自分で選ぶ働き方を、「フレックスタイム制」という。

マナー・接遇

問題14　次は、秘書Aが懇親会に出席したとき、会話の際に気をつけたことである。中から適当と思われるものを一つ選びなさい。

1　時代小説好きの人に対し、「私も好きなのですが、最近面白い作品をお読みになりましたか？」と話しかけた。

2　Aはバレーボール観戦が趣味なので、詳しい情報を知っている最近の全日本の試合や注目の選手について話した。会話が途切れると、場がしらけてしまうと思い、話し続けるようにした。

3　取引先の部長に、「憲法9条問題について一家言お持ちだと聞きました。ぜひ教えてください」と言って、話を聞いた。

4　取引先の課長が、「D社の○○さんが、この間……」と○○さんが仕事でミスをした話を楽しそうにしてきたので、詳しく聞かせてもらった。

5　懇親会とはいえ、取引先の人がいるのだから、会社で応対する際と同様に敬語などを崩さないようにした。

問題15　秘書Aの上司（清水部長）が人事異動で支社長になり、Aは新任の
　　　　部長につくことになった。次の中から、**適当**と思われるものを一つ選びな
　　　　さい。
1　部長の仕事内容は変わらないので、Aの仕事のやり方も変えずに行う。
2　新しい上司に「清水部長についてよくないうわさを聞いたが、どう思う
　　か」と聞かれたので自分が知っていることを「うわさ話の域を超えませ
　　んが」と話した。
3　上司について、同僚から「清水部長と比べて仕事がやりにくいのでは」
　　と聞かれたが、「特に変わらない」と答えた。
4　上司の性格がわかるまで、あまり話をせず、様子を見る。
5　指示の内容について、前任者のやり方のほうが効率的だと思ったので「清
　　水部長はこのようにしていましたが」と伝えた。

問題16　上司（部長）の外出中、社長から「急ぎの話だから、戻ったらすぐ
　　　　来るように」と連絡があった。次は、秘書Aが外出から帰ってきた上司に
　　　　伝えた言葉である。中から**適当**と思われるものを一つ選びなさい。
1　「社長から、すぐに来てくださるようにと連絡がありました」
2　「社長から連絡がありました。急ぎで来てほしいようです」
3　「社長からすぐに来るようにとのことですが、どうなさいますか」
4　「社長からすぐに来るようにとのことですが、いかがでしょうか」
5　「社長がすぐに来るようおっしゃっていますので、急いで行ってください」

問題17　新人秘書Cは、接客の際にあわててしまい、敬語の使い方などにつ
　　　　いて先輩から注意されることがある。次の中から**適当**と思われるものを一
　　　　つ選びなさい。
1　どちら様でございますか
2　お客様が到着いたしました
3　受付でお聞きになってください
4　とんでもございません
5　お客様が申された通り

問題18 次は、秘書Aが上司（清水部長）について言った言葉である。中から不適当と思われるものを一つ選びなさい。

1　上司に対し、「社長はお帰りになりました」。
2　常務に対し、「清水部長は帰られました」。
3　打ち合わせのため来社した取引先の人に対し、「清水部長はすぐいらっしゃいます」。
4　上司の不在中に来社した（上司の）奥様に対し、「清水さんは、ただいまお出かけになっています」。
5　取引先の社長に対し、「清水がこのように申しておりました」。

問題19 次は、秘書Aが受付業務に関して行ったことである。中から不適当と思われるものを一つ選びなさい。

1　会社受付を通りかかったところ、上司と面談の予定が入っているお客様が受付をしようとしているところだった。Aとも顔見知りである。「○○様、お待ちしておりました」と声をかけた。
2　会社受付を通りかかったところ、ほかの秘書がお客様を出迎えに来たところだった。Aは、そのお客様が知らない人だったので、邪魔にならないよう、静かに通り過ぎた。
3　上司宛ての来客があったが、名前を名乗らないので、「失礼ですが、どちら様でいらっしゃいますか？」と声をかけた。
4　複数のお客様が来たため、来社された順番に応対した。
5　お客様に応対中、電話がかかってきたので、「失礼いたします」とおわびしてから電話に出て、手短に話をすませた。

問題20　次は秘書Aが、上司（山田部長）の不在中に行ったことである。中から不適当と思われるものを一つ選びなさい。

1　出張中、上司の知人と名乗る人から「至急相談したいことがある」との電話があったので、上司の携帯電話の番号を教えた。

2　会議中、取引先から電話がかかってきたので、「山田はあいにく会議中でございます。お急ぎでいらっしゃいますか」と応対した。

3　来客中、常務からの電話に「部長は席をはずしていらっしゃいますが、戻られましたらお電話するようお伝えします」と応対した。

4　出張中、取引先の会長が急逝したとの知らせを受けたので、葬儀の日時、形式、場所などを確認した上で上司に連絡した。

5　出張中、取引先の会長が急逝したとの知らせを受けたので、香典や供花などの前例を調べて上司に報告し、指示を受けて手配した。

問題21　次は、秘書Aが後輩秘書Cに注意したときの内容である。中から適当と思われるものを一つ選びなさい。

1　最近、Cは遅刻が多く、仕事にも身が入っていない。上司や同僚も同様に感じているようなので、あえてみんなの前で注意するようにしている。

2　注意したあとに、Cに怖がられているように感じた。Cが落ち着くまで、しばらくは、できるだけ言葉を交わさないようにした。

3　1週間経ってもCは注意したことを守っていない。しかし、社会人であるし、何度も注意するのもよくないと思い、C自身がわかるまで待つことにした。

4　「Cさんの勤務態度がよくないと、上司が言っていたのを耳にしたので」と前置きをして注意をした。

5　仕事の手際がよいことを褒めたあとで、業務中に私用の携帯電話のメールをチェックしたり、私用でインターネットを使ったりするのはよくないと注意した。

問題22　秘書Aは上司から、「ゴルフコンペに誘われたのだが、法事があって参加できない。毎月第4土曜日にやっているそうだから、来月以降ならば参加できると思うのだが、とりあえず連絡しておいてくれ」と頼まれた。連絡のしかたとして、**適当**と思われるものを一つ選びなさい。

1　今月はご辞退申し上げたいそうです。

2　家の用事があるそうで、今月は参加できないと申しております。

3　今回は別件があり、都合がつきません。

4　ちょうどその日が法事と重なるため参加できませんが、来月以降であれば、ぜひご一緒したいと申しております。

5　事情は申し上げられませんが、来月以降であれば、ぜひ参加させていただきたいと申しております。

問題23　次は、秘書Aが贈答品を贈ったり、現金を渡すときに行った内容である。中から**適当**と思われるものを一つ選びなさい。

1　お得意先へのお歳暮の手配が遅くなり、届くのが12月20日になってしまった場合には、「寒中御見舞い」とした。

2　社員研修会に招いた外部講師へのお礼の上書きを「金一封」とした。

3　上司のお嬢さんが結婚されたのでお祝いを包もうと、蝶結びの水引がついた祝儀袋を用意した。

4　慶事の場合の上包みは、まず下側を折ってから上側をかぶせるように折る。

5　不祝儀袋の上書きは、先方が名前が読みやすいように、はっきりと濃い墨で書くようにした。

問題24 次は、会議で使われる用語である。説明との組み合わせが誤っているものを一つ選びなさい。

1	議案	=	その会議で話し合う議題、原案。一つとは限らない。
2	諮問	=	上位者から下位者に意見を求めること。
3	継続審議	=	会議時間内に議決に至らない場合に、時間を延長して会議を続けること。
4	キャスティングボート	=	多数決による採決で賛否同数の場合に、議長が投じる票。
5	オブザーバー	=	その会議に参加はするが正式なメンバーではなく、議決権は持たない。

問題25 次は、秘書Aが上司主催の社内会議の準備として行った内容である。中から不適当と思われるものを一つ選びなさい。

1 開催の日時が決まったら、すぐに会議室の空き状況を調べ、予約した。

2 開催については、メンバーに対しメールで送り、出欠の連絡もメールでもらうようにした。

3 会議中に、出席者宛ての外線電話がかかってきた場合には、会議室に直接つながないよう、各部署に連絡した。

4 資料は、当日は用意しなくてよいように、出席者に前もって配布しておいた。

5 当日の開催時間前に、必要な機材がそろっているか、調光や室温など室内環境の確認をした。

問題26　秘書Aは、上司の代理でお客様に手紙を出すこととなった。中から
　　あいさつ文として**適当**と思われるものを選びなさい。（手紙を出すのは2月
　　1日である）

1　拝啓　早春の候、貴社ますますご健勝のこととお喜び申し上げます。
2　謹啓　陽春の候、貴社ますますご発展のこととお喜び申し上げます。
3　前略　余寒の候、貴社ますますご繁栄のこととお喜び申し上げます。
4　冠省　立春の候、貴社ますますご隆盛のこととお喜び申し上げます。
5　拝啓　時下、ますますご清祥のこととお喜び申し上げます。

問題27　次は、グラフの種類別の特徴について述べた内容である。中から「棒
　　グラフ」について述べたものを一つ選びなさい。

1　全体を100％とし、数量が全体に占める構成比を面積の大きさで表す。
　　数値が大きい順に左から配置する。
2　一定時点での複数の要素の比較、数量の大小の比較を表す。
3　全体を100％とし、各項目ごとの全体に占める構成比を扇形の角度で
　　表す。
4　一つのグラフの中で、別項目の数値の推移を表現する。
5　時間の推移の中での数量の変化を、線の高低で表す。

問題28　次は、会議の議事録を作成する上で、秘書Aが必須項目だと考えて
　　いることである。中から<u>不適当</u>と思われるものを一つ選びなさい。

1　議事録の作成日
2　会議の開催日時
3　出席者と欠席者
4　議題
5　決定した内容

問題29　次は、秘書Aが上司のスケジュール管理について気をつけていることである。中から不適当と思われるものを選びなさい。

1　出張先での行動予定を書いた旅程表は、ふだんの予定表とは別に用意する。
2　重要な経営会議の日程が変更になった場合には、自分の管理している予定表を訂正してから上司に報告する。
3　上司が自分で予定の変更を加えていないか、つねに確認するようにしている。
4　スケジュールが重なった場合には、お客様との面談を最優先とする。
5　上司の私的予定は、社用の予定表には記入せず、自分の手帳に書き込んでおく。

問題30　次は、会議中における秘書の業務について述べたものである。中から、不適当と思われるものを一つ選びなさい。

1　受付業務には、出欠の確認、資料の配布、手荷物の預かりなどがある。
2　出席予定者が定刻になっても到着しない場合、確認のため電話する。
3　出席者は名簿でチェックしておき、役員以上が到着した場合には、すみやかに案内する。
4　秘書は会議に参加するわけではないが、議事進行については把握しておく必要がある。
5　会議の記録を指示されたときは、議事録を作成する。

問題31　次は、定期刊行物の発行サイクルを表す用語である。1年間の発行が最も少ないものを選びなさい。

1　隔月刊
2　週刊
3　季刊
4　月刊
5　旬刊

記述問題：マナー・接遇

問題32 次の場合、①部長、②課長、③秘書の３名が座る位置は、一般的にどうなるか。（　）に番号を記入して答えなさい。

1　自分の会社の会議室で、秘書も同席するとき

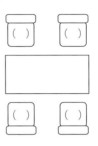

出入り口

2　取引先の工場見学で、工場長が運転する車に乗るとき

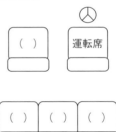

3　新幹線の座席

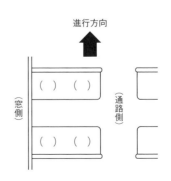

予想模擬試験

・・・・・
2級
・・・・・
第2回

問題33　次は、秘書Aが上司との会話で言ったことである。二重敬語になっている部分を正しい敬語に直しなさい。

1　先ほどの書類をもう一度ご覧になられますか。

2　本日おいでになるB社の部長は、2日前に現場視察からお戻りになられたばかりだそうです。

3　社長がおっしゃられましたように、先方へのご返答は、今しばらくお待ちになったほうがよろしいかと存じます。

記述問題：技能

問題34　次の事柄を、会議で使われる用語では何というか書きなさい。

1　会議を開くため、参加メンバーを集めること。

2　議決を得るために必要とされる、最小限度の出席者数。

3　予定されていた議案以外の議題を、会議中に提案すること。

問題35　次の統計をグラフにしなさい（定規を使わないで書いてよい）。

「営業所の年間売上高の推移（2016年から2020年）単位：千万円」

	A営業所	B営業所	C営業所
2016年	10	8	12
2017年	9	9	12
2018年	8	9	10
2019年	7	8	9
2020年	7	9	7

秘書検定2・3級「速習テキスト＆問題集」

予想模擬試験解答・解説

○×だけでなく、問題の
ポイントをしっかり確認して、
確かな実力に！
不安なところは、テキストに
戻ってみてね

3級予想模擬試験《第1回》解答・解説

【解答一覧】

必要とされる資質		
問題	1	4
問題	2	5
問題	3	2
問題	4	5
問題	5	3

職務知識		
問題	6	5
問題	7	3
問題	8	2
問題	9	1
問題	10	4

一般知識		
問題	11	4
問題	12	4
問題	13	1

マナー・接遇		
問題	14	5
問題	15	4
問題	16	3
問題	17	4
問題	18	2
問題	19	2
問題	20	2

問題	21	4
問題	22	5
問題	23	5

技能		
問題	24	4
問題	25	3
問題	26	3
問題	27	4
問題	28	2
問題	29	3
問題	30	3
問題	31	4

記述問題：マナー・接遇		
問題 32	1	「受付でお尋ねいただけますか」
	2	「どうぞ、召し上がってください」
	3	「○○はすぐに参ります」
問題 33	1	コートを着たままである。コートは訪問先の入り口の前で脱ぎ、見苦しくないようたたんで手に持つ。
	2	バッグを手にかけたまま会釈している。バッグは持ち手の部分を両手で、体の前に持つ。

記述問題：技能		
問題 34	1	親展
	2	至急
	3	重要
問題 35	1	部
	2	枚
	3	点（枚、幅でも可）
	4	膳
	5	脚

必要とされる資質

問題1　解答　4

1　目立つ必要はないが、女性の場合、ノーメイクは好ましくない。**健康的な印象を与える薄化粧にする。**

2　スーツは高価であるかどうかより、職場の雰囲気や上司の服装とのバランスを考えて選ぶ。

3　アクセサリーは、派手なものや大きなものは避ける。

5　ヘアスタイルは、仕事の邪魔にならず、**清潔感があるものにする。**

問題2　解答　5

5　「急ぎの仕事」という指示なので、ほかの仕事が途中であっても中断して取りかかる。**優先順位に迷うようなら、上司にその旨を相談し、指示を仰ぐ。**

問題3　解答　2

2　弁が立つことは長所ではあるが、**秘書に望まれる性格としての優先順位はこの中では低い。**

問題4　解答　5

5　秘書の仕事の範囲外である。上司の体調が悪いときなどに奥様と密に連絡を取ることはあるが、その場合には、奥様の指示を仰ぐようにする。

問題5　解答　3

1、2　ふだんから、社内の人間関係を円滑に保つことも大切である。**会社の機密事項にかかわる話はしない、**また、聞かれても「知る立場にない」と答える。

4　書類を保管するのは、秘書の仕事である。

5　たとえ短時間であっても、離席するときは、**書類を出したままにせず、鍵のかかる引き出しなどにしまう。**

職務知識

問題6　解答　5

5　印象はいいほうがよいが、秘書には**縁の下の力持ちに徹し、立場をわきまえた立ち居振る舞いをすることが求められる。**

問題7　解答　3

1　遅延証明書の有無は、秘書としての最優先事項ではない。

2　出社できる時間がわからないならば、上司の仕事に支障がないよう、段取りについて伝えておくべきである。

4　できるだけ早い段階で連絡するべきである。

5　連絡しないのは、秘書としてだけでなく、社会人としての自覚に欠ける。

問題8　解答　2

2　秘書個人の好みは、**タスク管理のポイント**としては重要ではないことである。

問題9　解答　1

1　上司のスケジュール確認は、重要度の高い日常業務であり、時間が空いたときに行うものではない。

問題10　解答　4

1、2　上司に指図してはならない。

3　受け取りに行く日を勝手に変更してはならない。

5　どちらの用事を優先するかは上司が判断することである。

一般知識

問題11　解答　4

4　市町村ではなく、**法務局に登録**しなければならない。

問題12　解答　4

1　個人事業主が申告納税するときに、税務署に提出する書類。**財務諸表**ではない。

2　現金（キャッシュ）の増減を示すための財務諸表。

3　決算日における会社の財産状態を示すための財務諸表。

5　会社の純資産の変動状況を示すための財務諸表。

問題13　解答　1

2、3、4、5は直接税。

マナー・接遇

問題14　解答　5

5　「はい、承知いたしました」とすぐに応じる。部数の確認なども忘れずに行う。

問題15　解答　4

4　「どうして」が正しい。5Wは、When（いつ）、Where（どこで）、Who（だれが）、What（何を）、Why（どうして）。

問題16　解答　3

3　正しくは「ご説明いたします」など。「教える」という言葉では、敬語としては不十分。

問題17　解答　4

1　接遇用語は、「わかりかねます」。

2　接遇用語は、「承知いたしました」。

3　接遇用語は、「存じません」。

5　接遇用語は、「少し（少々）お待ちください」。

問題18　解答　2

2　「いつもお世話になっております」とは、ビジネスで**慣用的に使われる語句**である。

問題19　解答　2

2　年齢でなく、**職位の順**（通常は上座から）に出す。

問題20　解答　2

2　お客様を見送るときのおじぎは、「**敬礼**」である。

問題21　解答　4

4　席次の高い順は①－②－③－④－⑤。また、複数人が座れるソファと一人がけの肘かけいすならば、ソファが上位となる。

問題22　解答　5

5　入学祝いの場合は紅白の**蝶結び**。

問題23　解答　5

1　治療の関係で、**食べ物が制限**されている場合がある。事前に確認が取れれば贈ってよい。

2　お見舞いの品には、香りが強い花は避ける。

3　切り花の場合、4本、9本、13本にならないようにする。

4　目上の人に現金を贈るのは失礼にあたる。

技能

問題24　解答　4

4　他者の意見を**批判しない**のはブレーンストーミングの鉄則である。

問題25　解答　3

3　前面のスクリーンおよび議長席に対して、参加者が斜めに向き合う**V字型**が適している。

問題26　解答　3

3　簡易書留には、現金を同封することはできない。

問題27　解答　4

4　**業界紙**は、特定の業界（建設、食品など）に関する情報を掲載している新聞。

問題28　解答　2

2　複写は指示があった**必要部数のみ**としなければならない。

問題29　解答　3

1　社内文書に、頭語や結語、時候のあいさつは**不要**。

2　社内文書の発信者欄は、部署名のみでよい。

4　社内文書は、本文のみで**簡潔**に書く。

5　追伸はつけてもよい。

3　貸し出す場合は、持ち出し用フォルダーに入れて渡す。

問題31　解答　4
1　名刺整理簿だと不便なのは枚数が多い場合。
2　1枚保管すればよい。自分の予備のために名刺をもらうのは先方に失礼である。
3　名刺への書き込みをその場（本人の前）で行うのは失礼である。
5　新しい名刺をもらうまで、古い名刺に書き込んでおく。

記述問題：マナー・接遇

問題32
1　「受付でお尋ねいただけますか」（聞く→尋ねる）
2　「どうぞ、召し上がってください」（食べる→召し上がる）
3　「○○はすぐに参ります」（社内の者は呼び捨てにする。来る→参る）

問題33
　訪問先の人に会う前に、コートを脱いだり、バッグをきちんと持つなど、身だしなみを整えておかなければならない。
1　コートを着たままである。コートは訪問先の入り口の前で脱ぎ、見苦しくないようたたんで手に持つ。
2　バッグを手にかけたまま会釈している。バッグは持ち手の部分を両手で、体の前に持つ。

記述問題：技能

問題34　＊順不同。
1　親展（宛名の本人以外に開封してほしくないとき）
2　至急（急いで見てほしいとき）
3　重要（重要な内容であると知らせたいとき）

問題35
1　部（新聞やリーフレット、資料も同様）
2　枚（薄く、平たいものを数える単位。板や皿も同様）
3　点（枚、幅でも可。幅は、掛物（鑑賞用などに表装したもの）の場合）
4　膳（2本の箸を1対として数える単位）
5　脚（脚のある道具を数える単位。机も同様）

3級予想模擬試験《第2回》解答・解説

【解答一覧】

必要とされる資質			一般知識			問題	21	2
問題	1	4	問題	11	4	問題	22	2
問題	2	1	問題	12	5	問題	23	5
問題	3	4	問題	13	3	技能		
問題	4	3	マナー・接遇			問題	24	1
問題	5	5	問題	14	1	問題	25	5
職務知識			問題	15	5	問題	26	2
問題	6	5	問題	16	3	問題	27	5
問題	7	3	問題	17	3	問題	28	1
問題	8	1	問題	18	1	問題	29	4
問題	9	2	問題	19	2	問題	30	3
問題	10	2	問題	20	2	問題	31	3

記述問題：マナー・接遇		
問題 32	①	部長の〇〇が、打ち合わせのためD様に
	②	ご足労いただきたいと
	④	恐れ入りますが、
	⑤	ご都合の
問題 33		

記述問題：技能		
問題 34	1	A
	2	B
	3	A5
問題 35		

必要とされる資質

問題1　解答　4
4　上司以外の人から仕事を頼まれた場合は、勝手に受けず、上司に相談し、指示を仰ぐ。

問題2　解答　1
1　上司の指示通りに仕事を行うのが秘書の役目。自分流にこだわるのは禁物。

問題3　解答　4
1　連絡は、秘書Aから行うべき。
2　上司の予定を勝手に教えてはならない。
3　憶測を伝えるのはよくない。
5　優先順位は上司にしかわからない。秘書が決めるべきことではない。

問題4　解答　3
3　各種データの処理能力は重要なスキルの一つである。

問題5　解答　5
5　秘書の立場で知り得たことは、原則としてだれに対しても漏らしてはならない。

職務知識

問題6　解答　5
5　経理部はスタッフ部門。

問題7　解答　3
1　秘書が判断すべきではない。
2　上司の許可なく、連絡先などを教えてはならない。
4　こちらの都合で時間を指定し、待つように言うのは先方に失礼である。
5　秘書Aは通知を見ていないとはいえ、出欠の連絡をするのは秘書の仕事である。

問題8　解答　1
1　弔電は、上司に連絡をとり、指示を受けてから打たなければならない。

問題9　解答　2
2　秘書は上司の仕事を代行することはできない。

問題10　解答　2
1　スケジュール管理は秘書の仕事だが、秘書が知る必要のない約束である場合もあるため、上司の指示を待つ。
3　秘書に伝えるかどうかは上司が判断することである。
4　勝手に解釈して発言をするべきではない。
5　ほかの予定に影響するとしても、決めるのは上司である。

問題11　解答　4

4　記述は、**債券**の説明。債権は、金銭の支払いなどを人に対して請求する権利。

問題12　解答　5

5　エグゼクティブ（executive）は、上級管理職のこと。経済の専門家はエコノミスト（economist）。

問題13　解答　3

3　記述は「**販売計画（価格政策）**」の説明。「**販促**」は、「**販売促進**」の略で、消費者の購買意欲を喚起する活動のこと。

マナー・接遇

問題14　解答　1

1　「承知いたしました」は、受諾を表している。同意は「はい、そうですね」「そのように思います」など。

問題15　解答　5

5　相手が話している途中に、中断させて自分の話をしてはならない。

問題16　解答　3

3　取り次ぎの間、相手を待たせている状態なので「たいへんお待たせいたしました」「お電話を代わりました」など一言添えてから名乗る。

問題17　解答　3

3　接遇用語では、「御社」など。

問題18　解答　1

1　「お～」と「～れる」で、**尊敬表現が重複**している。正しくは「お呼びになっています」。

問題19　解答　2

2　名刺は、おじぎをしながら受け取る。

問題20　解答　2

2　「頂戴する」「頂く」は、謙譲語。尊敬語は、「お受け取りになる」「お納めになる」。

問題21　解答　2

2　**卒寿**（90歳）が最も年齢が高い。そのほかは、**古稀**（70歳）、**喜寿**（77歳）、**傘寿**（80歳）、**米寿**（88歳）。

問題22　解答　2

2　「**志**」は、仏式、神式の香典返しなどで使用する。キリスト教式の葬儀では「**御霊前**」「**御花料**」。

5 和装で、既婚女性の正装は留袖、略式は訪問着または付け下げ。中振袖は未婚女性の略式である。

技能

問題24 解答 1

2 パネルディスカッションの説明である。

3 シンポジウムの説明である。

4 バズセッションの説明である。

5 フォーラムの説明である。

問題25 解答 5

5 上司の指示がない場合に、会議の結果を聞くのは、秘書として出過ぎた行為である。

問題26 解答 2

2 新秋や初秋は9月のあいさつに用いる。

問題27 解答 5

5 基本的には、秘書の主観は必要ない。

問題28 解答 1

1 記述の説明は、乱丁のことである。落丁は、書籍などで、一部ページが抜けていることをいう。

問題29 解答 4

1 親展は、本人しか開封してはいけない。

2 現金書留には手紙を同封してもよい。現金だけでなく、一筆添えたほうが印象がよい。

3 礼状はできるだけ早く送る。役職によるハガキか封書かの使い分けはない。

5 手渡す場合は、重要度、緊急度に応じて並べる。

問題30 解答 3

1 感情を和やかにさせるといわれるのはクリーム色である。

2 感情を落ち着かせるといわれる茶色やベージュが適している。

4 事務室の照明には300〜1500ルクスが適している。

5 湿度は年間を通して50〜60%が適当とされている。

問題31 解答 3

3 前略の結語は、草々。不一でもよい。

問題32

① 部長の〇〇が、打ち合わせのため、D様に（「部長の」がなくても可）

② ご足労いただきたいと（足労は、人に足を運ばせること。来てもらう→ご足労
いただく）

④ 恐れ入りますが、（依頼する相手を思いやる敬語表現）

⑤ ご都合の（敬語表現の「ご」）

問題33

差出人が連名（3人まで）の場合、宛名
を書かないときは、右から上位順に記入
する。

記述問題：技能

問題34

1　A（B判は日本の規格）

2　B（A0は841mm×1189mm、B0は1030mm×1456mm）

3　A5（A4の2倍がA3）

問題35

横書きの書類は、一般的に左斜め上にめ
くる。1カ所とじる場合、左上で針が斜
めになるように止めると、めくるときの
抵抗が小さい。

2級予想模擬試験《第1回》解答・解説

【解答一覧】

必要とされる資質	
問題　1	5
問題　2	3
問題　3	1
問題　4	4
問題　5	2

職務知識	
問題　6	5
問題　7	2
問題　8	3
問題　9	1
問題　10	4

一般知識	
問題　11	5
問題　12	3
問題　13	2

マナー・接遇	
問題　14	3
問題　15	4
問題　16	4
問題　17	5
問題　18	4
問題　19	1
問題　20	2

問題　21	1
問題　22	3
問題　23	2

技能	
問題　24	5
問題　25	1
問題　26	3
問題　27	3
問題　28	4
問題　29	2
問題　30	5
問題　31	1

記述問題：マナー・接遇			
問題　32	1	a	こちら
		b	おかけください、お座りください
	2	a	申し訳ございません
		b	少しお待ちください、いましばらくお待ちください
	3	a	わたくしども、わたくしたち
		b	わかりかねます
問題　33	1	a	
	2	御祝、御結婚祝、寿	
	3	d	

記述問題：技能		
問題　34	1	引見
	2	愛顧
	3	自愛

| 問題　35 |  |

【解説】

必要とされる資質

問題1　解答　5

5　秘書は、会社の雰囲気やTPOに合った身だしなみを心がける。アクセサリーは、流行していたとしても、派手なものや大ぶりなものは避けるべきだが、周囲と調和していれば、つけること自体に問題はない。

問題2　解答　3

3　上司の私的な用事も秘書の仕事ですが、必ずしも最優先で取り組む必要はない。仕事の指示が重なったときは、優先順位について上司から指示を仰ぐ。

問題3　解答　1

2　上司がせっかく自分のために買ってきてくれたのだから、駅で買ったお土産程度であれば、素直に喜んで受け取る。

3　たとえ自分では同僚に溶け込んでいるつもりでも、先輩が心配して尋ねてくれているのだから、心配をかけて申し訳なかったと謙虚に答える姿勢が大切。

4　仕事は重要度・緊急度の高いものを優先するのが基本だが、設問の場合、上司（部長）の指示には緊急性があり、また上位職にある常務からの指示も重要。この状況を上司に伝えた上で仕事の優先順位について指示を仰ぐ。

5　秘書は、上司の意向に沿って仕事をする。上司が交代したら、自分から合わせる努力をすべきで、注意されてから合わせるというのは不適当である。

問題4　解答　4

4　愚痴をこぼしたり怒ったりしている上司に対しては、同意するのではなく、「いつも何かと大変ですね」など、感情を鎮められるような対応が望ましい。

問題5　解答　2

2　設問の電話は「よほどのこと」に該当する可能性がある。取り次ぎを断ったり、すぐに電話に出てもらったりせず、取り次ぐかどうか、上司の指示を仰ぐ。

職務知識

問題6 解答 5

5 決裁業務や稟議書関連は、あくまでも上司の業務。たとえ急ぎのもので、すでに上司が内容を把握していることがわかっていても、許可や指示なしで秘書が勝手に押印することはできない。

問題7 解答 2

2 転勤のあいさつは儀礼的なものにすぎないので、課長など上司以外の人に対応を頼んだり、秘書が上司に伝えておくという対応でよい。わざわざ相手の都合を尋ねてまで、改めて連絡するのは不適当。

問題8 解答 3

1 電子メールはすぐに見るとは限らないので、不適当。

2 このようなミスの処理をX社に頼むのは、不適当。

4 個人のメールアドレスとは異なり、それまでも使っていた会社のメールアドレスなので、変更の連絡をしなかったことを謝罪した上で教える。

5 本人に尋ねるのは、不適当。

問題9 解答 1

1 出張の目的は、秘書から報告されるまでもなく、上司が理解している。秘書は出張の準備として必要なことをするのが仕事である。

問題10 解答 4

1、2、3、5 会議への出欠は、上司が決定することであり、秘書が勝手に代理人の出席や途中からの出席を請け合ったり、出席を断ったりすることはできない。また、会議の重要度も秘書が判断できることではない。

一般知識

問題11 解答 5

5 「CI」はコーポレートアイデンティティ（Corporate Identity）の略。企業の個性・目標を明確にして企業イメージの統一を図り、それらを社の内外に認識させることを意図したもの。なお、執行役員制度における最高経営責任者は「CEO（Chief Executive Officer）」である。

問題12 解答 3

3 コンプライアンス（compliance）とは法令遵守、つまり企業が業務を行う上でルールや社会規範などを守ることを意味する。危機管理はリスクマネジメント（risk management）という。

問題13 解答 2

2 パブリシティー（publicity）とは、新製品などの情報をテレビや雑誌などの媒

体に提供し、記事や報道を通して紹介してもらうこと。

マナー・接遇

問題14　解答　3

3　「弔辞」は、故人の死を悼み、悲しむ気持ちを表す言葉。告別式などで、故人と親しかった人が述べるのが一般的である。

問題15　解答　4

4　相手との関係や予算などを考慮しながら、**誠意が伝わる品物・喜んでもらえる品物**を選ぶことが大切。高価な品物であればよいというのは不適当。

問題16　解答　4

1　「お（ご）…になる」の尊敬語に、尊敬の意味を表す「れる」をつけると**二重敬語**となる。

2　「拝見する」は、自分または自分側の人のことをへりくだって表現する**謙譲語**。

3　1と同様、**二重敬語**。

5　謙譲語の「参る」に、尊敬の意味を表す「れる」をつけても尊敬語にはならない。

問題17　解答　5

5　プライベートな場である結婚披露宴で、仕事の話をするのはマナー違反である。

問題18　解答　4

4　電話が途中で切れたときは、**電話をかけたほうからかけ直す**。こちらからかけた電話が相手のミスで切れた場合でも、自分からかけ直し、「お電話が切れたようで、失礼いたしました」とわびる。

問題19　解答　1

1　一般的には**出入り口から遠いところが上座**。一人がけの肘かけいすよりもソファが上座。ソファの中でも出入り口から最も遠い位置が上座となる。したがって、来客がソファに座るので、③がS部長、④が部下Tとなる。上司は一人がけの肘かけいすの①、秘書Aは最も出入り口に近い下座の②に座る。

問題20　解答　2

2　無言で香典を差し出すというのは不適当。「このたびは、ご愁傷様でございました。ご霊前にお供えください」などと**静かにあいさつをする**。

問題21　解答　1

1　上司から指摘されたら、まず**事実がどうであったか確認**をするべきである。

問題22　解答　3

3　報告は、**実際にあったできごとを伝えること**に徹する。自分の感想は、求められたときにだけ述べる。

問題23　解答　2

2　秘書が後輩に注意する内容は、通常、上司の指示を仰ぐことではない。

問題24　解答　5

5　参加予定者は全員、その会議に加わってもらわなければならない。遅刻しても、すみやかに会場に案内する。

問題25　解答　1

1　「照会状」とは、不明な点を問い合わせて確かめるための文書をいう。自分の知り合いを別の知り合いに引き合わせるときに持参させる文書は「紹介状」。

問題26　解答　3

3　「料金別納郵便」では、同一料金の通常郵便物を10通以上まとめて送ることができるが、祝賀会の招待状などには用いない。

問題27　解答　3

3　「各位」とは、複数の人を対象とした場合の一人ひとりに向けられた敬称であり、「皆様方」という意味である。敬称に「様」や「殿」をつけるのは誤り。

問題28　解答　4

4　予定を決定するのは上司。秘書が優先順位を判断するのは不適当である。

問題29　解答　2

2　「新春の候」は、1月に使う時候のあいさつで、「新春」とは、新年や正月を意味する。

問題30　解答　5

5　「秘」文書を社外に郵送するときは、まず二重封筒にし、中の封筒に「秘」と書く。外側の封筒に「親展」と書いて、一般書留または簡易書留で発送する。発送後は相手側に「秘」文書を送ったことを電話で伝える。

問題31　解答　1

1　カタログは1年に1度はチェックして、新しいものと入れ替える。廃棄するかどうかは上司の許可を得て行う。ただし、自社のカタログや重要な取引先のカタログは、古いものでも別の場所にまとめて保管する。

記述問題：マナー・接遇

問題32

相手に対する気配りとして、接遇用語を使う。

1　a　こちら（こっち→こちら）

　　b　おかけください、お座りください（「お」をつける。座る→かける）

2　a　申し訳ございません（すみません→申し訳ございません）

　　b　少しお待ちください、いましばらくお待ちください（ちょっと→少し、いましばらく）

3　a　わたくしども、わたくしたち（「一人称＋ども」は謙譲表現）
　　b　わかりかねます（相手を思いやった断わりの表現。わからないので返事ができない）

問題33

1　a　結婚祝いの現金を入れる袋には、一度結ぶとほどけにくい「**結び切り**」の祝儀袋を使う。aは結び切りの一種「あわび結び」。結婚は一度だけのほうがよいためで、水引の色は、金銀または紅白。
2　「御祝」、「御結婚祝」または「寿」。
3　d　結婚のような**慶事**の場合は、まず上を折ってから下をかぶせる。

記述問題：技能

問題34

1　引見
　「**ご引見**ください」は、「会ってください」という意味。
2　愛顧
　「**愛顧**」は、目をかけて引き立てる、またはひいきにするということ。
3　自愛
　「**自愛**」とは、自分自身の体を大切にすること。

問題35

消すときは、2本線でしっかりと消すこと。

出欠
・敬語表現「ご」を消す
・該当しないほうを消す
・理由などがあれば簡潔に、また丁寧な表現を添えるとよい

住所・名前
・敬語表現「ご」「ご芳」を消す

2級予想模擬試験《第2回》解答・解説

【解答一覧】

必要とされる資質	
問題　1	1
問題　2	3
問題　3	1
問題　4	4
問題　5	2

職務知識	
問題　6	1
問題　7	5
問題　8	2
問題　9	2
問題　10	5

一般知識	
問題　11	3
問題　12	5
問題　13	4

マナー・接遇	
問題　14	1
問題　15	3
問題　16	4
問題　17	3
問題　18	3
問題　19	2
問題　20	1

問題　21	5
問題　22	4
問題　23	1

技能	
問題　24	3
問題　25	4
問題　26	5
問題　27	2
問題　28	1
問題　29	4
問題　30	3
問題　31	3

記述問題：マナー・接遇			
問題　32	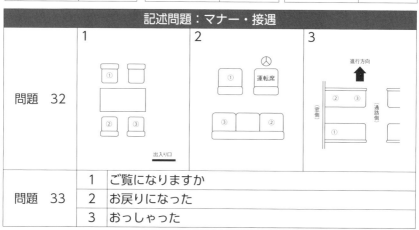		
問題　33	1	ご覧になりますか	
	2	お戻りになった	
	3	おっしゃった	

記述問題：技能		
問題　34	1	招集
	2	定足数
	3	動議

| 問題　35 | 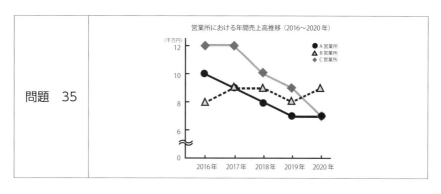 |

営業所における年間売上高推移（2016〜2020年）

（凡例）
● A営業所
△ B営業所
◆ C営業所

【解説】

必要とされる資質

問題1　解答　1

1　必要に応じて周囲の人と協力するなど、その仕事を適切に、早く終わらせようとする姿勢が大切。

問題2　解答　3

3　教養は、人間性を豊かにするとともに、物の見方が変わったり、視野が広がるなどの役に立つ。つねに探求心や向上心を持つことが大切。

問題3　解答　1

1　秘書は上司の仕事を補佐する立場。上司の助けとなるよう仕事をするが、それは代行ではない。

問題4　解答　4

4　秘書の職務範囲外である。ただし、明らかに上司にとってマイナスになる間違いに気づいたら、「〜でよろしいでしょうか」など、確認しなければならない。

問題5　解答　2

1　相手にかかわらず、自宅の住所などを勝手に教えない。

3　頼まれごとであっても、連絡を取るのは原則としてこちらから。

4　秘書が勝手に送り先を指定するのは不適当。

5　憶測を伝えるのは不適当。

職務知識

問題6　解答　1

2　明らかなミスであっても、上司に知らせずに修正したものを提出してはならない。

3　社用の認印であっても、許可なく押印してはならない。

4　上司に確認せずに出欠の回答をしてはならない。

5　ほかの仕事に支障がない範囲であれば、できるだけ応じるべきである。

問題7　解答　5

5　兼務秘書は部員として対応できる範囲の仕事は自分の判断で行うが、原則として上司の補佐が優先である。

問題8　解答　2

2　マニュアルは、不慣れな新人秘書の理解を助けるため、指導の際に役立つ。

問題9　解答　2

1　仕事の進行などについては、秘書が口を出すことではない。

3　検診を受けるかどうかは、上司が判断することである。

4　断わるかどうかは、秘書が判断することではない。

5　秘書が上司に行動を指示するような発言をすべきではない。

問題10　解答　5

5　秘書Aが優先すべきことは、上司が不在となることにより発生する仕事などへの対応や、社内・社外への連絡である。

一般知識

問題11　解答　3

1　代表取締役が株主である必要はない。

2　経営は取締役に任せればよく、株主自ら経営にあたる必要はない。

4　配当は株主が受け、従業員に支払われるのは賃金である。

5　会社自体の責任は有限ではない。

問題12　解答　5

1、2　経営者層で、トップマネジメントと呼ばれる。ほかには常務取締役。

3、4　現場管理者層で、ロアマネジメントと呼ばれる。

ミドルマネジメントと呼ばれるのは、中間管理者層で、ほかには支社長や支店長、課長など。

問題13　解答　4

4　「出向」とは、在籍する会社は現状のままで、子会社や関連会社で勤務することをいう。記述は「転籍」。

マナー・接遇

問題14　解答　1

2　自分が得意な話題で場を独占するのは好ましくない。

3　政治や思想、宗教などの話題は、意見の違いによって対立を生みやすいのでなるべく避ける。

4　相手の話は最後まで聞くのがエチケットだが、だれかの失敗談やうわさ話など
　には深入りせず、さりげなく話題を変えるようにする。
5　その場の雰囲気なども考慮して、ふさわしい言葉遣いを心がける。

問題15　解答　3

1　仕事のやり方は人によって違う場合があるので、今まで通りのやり方でよいか、
　確認をして行うようにする。
2　異動になったあとでも、**うわさ話は控える**。
4　仕事の邪魔にならない程度に**積極的にコミュニケーションをとり、人となりを**
　つかむようにする。
5　効率を考えた提案は悪いことではないが、**比較するような言い方をすべきでは**
　ない。

問題16　解答　4

1　「来てくださる」の部分、社長から部長への敬語表現は必要ない。
2　社長は「すぐ来るように」と言っていたので、**あいまいな表現**はしない。
3　この場合、部長に選択権はないため、不適切である。
5　部長に指示をする言い方は**不適切**である。

問題17　解答　3

1　どちら様でいらっしゃいますか
2　お客様がお着きになりました
4　とんでもないことでございます
5　お客様がおっしゃった通り

問題18　解答　3

3　正しくは「清水はすぐ参ります」。

問題19　解答　2

2　知らない人でも、「いらっしゃいませ」「おはようございます」などあいさつを
　するのは基本である。相手が話し中のときなどは、会釈して通り過ぎる。

問題20　解答　1

1　たとえ至急の用件であっても、勝手に上司の自宅の電話や携帯電話の番号を教
　えてはならない。

問題21　解答　5

1　みんなの前ではなく、Ｃと**2人だけで話す**こと。
2　**自然な形で話し合う**姿勢が大切である。
3　何もせず待っていては、ひどくなる可能性もある。**言うべきことはきちんと言う**。
4　上司からの指示を受けていないのに、そう受け取れるような言い方をするのは
　よくない。先輩として注意すればよい。

問題22　解答　4

1　相手が納得できる**明確な理由**を示す。

2 「家の用事がある」は明確な理由とはいえない。

3 2と同様、明確な理由が示されていない。

5 きちんとした理由があって参加できないことを伝える。

問題23 解答 1

2 「謝礼」または「薄謝」が正しい。

3 結婚のお祝い用には、「結び切り」の水引がついた祝儀袋を選ぶ。

4 慶事の場合、上を折ってから下をかぶせる。

5 弔事の場合は、薄墨で書く。

技能

問題24 解答 3

3 その議案の審議を次回以降の会議に持ち越し、審議すること。

問題25 解答 4

4 資料は事前配布してある場合でも、会場に予備を準備しておく。

問題26 解答 5

1 早春の候は3月のあいさつ。

2 陽春の候は4月のあいさつ。

3 前略の場合、時候のあいさつは必要ない。

4 冠省の場合、時候のあいさつは必要ない。

問題27 解答 2

1 帯グラフ

3 円グラフ

4 複合グラフ

5 折れ線グラフ

問題28 解答 1

1 議事録は、審議した議題と決定した内容の記録である。一般的に、議事録の作成日は必須項目ではない。

問題29 解答 4

4 上司と相談して決める。秘書が決めることではない。

問題30 解答 3

3 受付業務では、出席者の職位などに関係なく、だれにでも公平な態度で接する。

問題31 解答 3

3 季刊は年に4回発行。旬刊は月に3回発行なので年に36回発行。

問題32

1

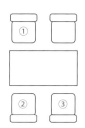

出入り口

会議室では、**出入り口**から**遠い席**が上座となる（①）。課長は、部長と話しやすい位置（②）に、秘書は最も下座（③）に座る。

2

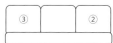

取引先の工場長に敬意をはらい、**助手席が上座**となる（①）。後部座席では、運転手の後ろの上座（②）に課長が座り、秘書は下座（③）に座る。

3

進行方向に向かった席の**窓側**が上座となる（①）。課長は、部長と向かいあう席（②）、秘書は最も下座（③）に座る。

問題33

1　ご覧になりますか（「ご覧に」と「れる」が重複）
2　お戻りになった（「お」と「れる」が重複）
3　おっしゃった（「おっしゃる」と「れる」が重複）

記述問題：技能

問題34

1　招集
2　定足数
3　動議

問題35

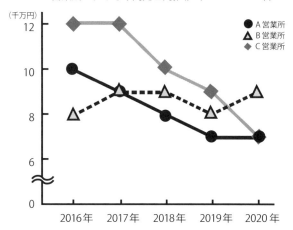

営業所における年間売上高推移（2016〜2020年）

折れ線グラフは、連続した動きを示し、線の高低や傾きなどで比較する。

タイトル
・グラフの内容を簡潔に
・グラフの中央に
・調査の時期を入れる
軸
・一般的に、横軸が時間、縦軸が数量など
目盛り
・起点を0（ゼロ）とする

区別

・線やマークの種類や色などを変えて、凡例で示す

省略

・データが上に偏る場合など、中断線や記号を入れて、データのないエリアを省略
　する

注

・説明が必要な場合に入れる。「○○年のデータは△△を除く」など

・出典元がある場合には明記する

●法改正・正誤等の情報につきましては、下記「ユーキャンの本」ウェブサイト内
「追補（法改正・正誤）」をご覧ください。

https://www.u-can.co.jp/book/information

●本書の内容についてお気づきの点は

・「ユーキャンの本」ウェブサイト内「よくあるご質問」をご参照ください。

https://www.u-can.co.jp/book/faq

・郵送・FAX でのお問い合わせをご希望の方は、書名・発行年月日・お客様のお名前・
ご住所・FAX 番号をお書き添えの上、下記までご連絡ください。

【郵送】〒 169-8682 東京都新宿北郵便局 郵便私書箱第 2005 号
ユーキャン学び出版 秘書検定 資格書籍編集部

【FAX】03-3350-7883

◎より詳しい解説や解答方法についてのお問い合わせ、他社の書籍の記載内容等に関し
ては回答いたしかねます。

●お電話でのお問い合わせ・質問指導は行っておりません。

ユーキャンの 秘書検定2・3級 速習テキスト&問題集　カラー改訂5版

2006年 5 月10日　初　　版　第 1 刷発行	編　者	ユーキャン秘書検定試験研究会
2007年 5 月 1 日　改 訂 版　第 1 刷発行	発行者	品川泰一
2009年11月20日　改訂 2 版　第 1 刷発行	発行所	株式会社 ユーキャン 学び出版
2012年 8 月22日　改訂 3 版　第 1 刷発行		〒 151-0053
2015年 7 月24日　改訂 4 版　第 1 刷発行		東京都渋谷区代々木 1-11-1
2021年 6 月18日　改訂 5 版　第 1 刷発行		Tel 03-3378-1400
2022年 6 月 3 日　改訂 5 版　第 2 刷発行		
2023年 7 月 1 日　改訂 5 版　第 3 刷発行	編　集	株式会社 東京コア
2024年 7 月26日　改訂 5 版　第 4 刷発行	発売元	株式会社 自由国民社
		〒 171-0033
		東京都豊島区高田 3-10-11
		Tel 03-6233-0781 （営業部）

印刷・製本　望月印刷株式会社